創業から廃業まで

中小企業のための
経営法務
Q&A

木村 貴司［監修］
経営法務研究会［著］

同友館

はじめに（監修者より）

　経営と法律の問題は密接に関連しており、切り離して考えることはできません。本書は、長年、中小企業の経営コンサルティングを行っている中小企業診断士が、経営と法律がリンクする領域について、中小企業の経営者や法務担当者などに向け、わかりやすく記した経営法務の入門書です。

　執筆を担当したそれぞれの中小企業診断士は、日常的にさまざまな分野で中小企業にコンサルティングサービスを提供しており、経営上の問題解決について、日々研鑽を積んで参りました。執筆者らがサービスを提供していく際、直面した問題を解決するために自ら調べて得た知識や他の専門家等から得た情報を、広く中小企業経営者に知ってもらい、早い段階で気づきを与えたいというのが本書のコンセプトとなります。

　特に、創業間もない経営者や先代経営者から経営を承継した若手経営者には、経営経験不足から、会社内に潜在している問題を経営問題と認識していないケースも散見されます。本書をご覧いただくことにより、経営上の問題を認識して早期に対策を打ち、問題が顕在化した際にも、早い段階で専門家に相談することで大きな問題となる前に解決できるようになることが執筆者らの願うところです。

　本書を、中小企業の経営問題を解決する手助けとしてご活用いただければ、監修者として感謝に堪えません。

　最後になりましたが、刊行に際して、同友館様に多大なるご苦労をおかけしたことにつき、執筆者一同と共に、この場を借りて御礼を申し上げます。

2018年1月

監修者
弁護士　木村貴司

はじめに（執筆者を代表して）

「法律」という言葉を耳にして、多くの経営者は何を思い浮かべるのでしょうか。かくいう私は、「法律」と聞くと、すぐに「法律条文」を思い浮かべます。法律条文は、現代文への書き換えが進み、読みやすくなっているとはいえ、一般人の中には、まだまだ特殊な言葉づかいが並ぶ退屈な読み物という印象をお持ちの方も多いと思います。

本書は、中小企業の経営者が遭遇しそうなシーンを想定し、それぞれのケースに対処する上で、最低限必要になる法律や制度の要点に内容を絞っています。これは、個別具体的な問題については、本書の内容程度の知識を持った上で専門家に相談することで、より早く的確な解決策にたどり着けるはずであるという本書の立ち位置によるものです。それでも、対象とする読者に必要な基本的な法律的センスは身につく構成になっています。具体的な構成は、概ね以下の通りです。

・第1章：創業と会社運営に関する基礎知識

　　創業についての法律知識と事業運営上で想定されるリスクやトラブルへの法律的対処法を解説しています。

・第2章：中小企業に関する法律と中小企業支援制度

　　中小企業基本法をはじめとした中小企業を支援するための法律や制度及び下請法、フランチャイズビジネスについて解説しています。

・第3章：事業活動に関する法律と制度

　　事業運営の中心になる契約や債権管理、金融、手形・小切手、保証、個人情報保護について幅広く取り上げています。

・第4章：商品の開発・販売に関する法律

　　知的財産権、商品の製造・販売・表示、不正競争などに関する法律についての情報をまとめました。

・第5章：会社運営に関する知識（会社法等関連）

　　会社法や会計に関する法律の中から、中小企業経営に関連する項目に絞っ

て解説しています。

・第6章：人事・労務に関する法律・制度とトラブルの防止

　日常的にトラブルの多い労務に関する法律知識を紹介すると共に、トラブル防止のアドバイスを送ります。

・第7章：事業承継・再生・終了に関する法律と手続

　事業承継、債務整理や事業の清算について解説しています。

　本書は、10名のメンバーにより分担執筆しました。各項目は、それぞれのメンバーが得意分野から選定したテーマにつき、実際のコンサルティング実績に沿って解説ポイントを絞り込んだ上、議論を重ねてブラッシュアップしたものです。さらに3名の協力者による読者視点でのレビューも経ていますので、読者にとってもわかりやすく、有益な情報が収録されているものと確信しています。ここに、各位の参画意識に感謝の意を表する次第です。

　また、本書の法律監修に時間を割いていただいた木村弁護士に、執筆者を代表して謝意を表します。木村弁護士には、業務多忙な中、法律専門家としての執筆内容のチェックのみならず、本書のコンセプトである経営者視点の不備を随所に指摘していただきました。最後に、同友館の神田編集室長には、ずるずると遅延する執筆状況にもかかわらず、辛抱強く的確なアドバイスをいただいたことに感謝します。

　インターネットを検索すれば、多くの情報を得ることができる時代にあって、本書として選定したテーマと題材が読者の皆様の会社経営上の課題の解決と成長のきっかけに役立つことを願ってやみません。

　なお、本書は2018年1月現在の法令等の情報をもとに執筆しています。

2018年1月

　　　　　（一社）東京都中小企業診断協会城南支部経営法務研究会

　　　　　執筆者代表

　　　　　経営コンサルタント・中小企業診断士　山下　洋

【法律名対照表】〈略称―正式名称〉

本書で使用している略称	正式名称
育児・介護休業法	育児休業、介護休業等育児又は家族介護を行う労働者の福祉に関する法律
医薬品医療機器等法 （旧薬事法）	医薬品、医療機器等の品質、有効性及び安全性の確保等に関する法律
仮登記担保法	仮登記担保契約に関する法律
経営承継円滑化法	中小企業における経営の承継の円滑化に関する法律
景品表示法	不当景品類及び不当表示防止法
高年齢者雇用安定法	高年齢者等の雇用の安定等に関する法律
個人情報保護法	個人情報の保護に関する法律
産業活力再生特別措置法	産業活力の再生及び産業活動の革新に関する特別措置法
資金決済法	資金決済に関する法律
下請法	下請代金支払遅延等防止法
小規模事業者支援法	商工会及び商工会議所による小規模事業者の支援に関する法律
PL法	製造物責任法
男女雇用機会均等法	雇用の分野における男女の均等な機会及び待遇の確保等に関する法律
中小企業金融円滑化法	中小企業者等に対する金融の円滑化を図るための臨時措置に関する法律
中小ものづくり高度化法	中小企業のものづくり基盤技術の高度化に関する法律
電子消費者契約法	電子消費者契約及び電子承諾通知に関する民法の特例に関する法律
動産・債権譲渡特例法	動産及び債権の譲渡の対抗要件に関する民法の特例等に関する法律
独占禁止法	私的独占の禁止及び公正取引の確保に関する法律
特定商取引法	特定商取引に関する法律
特定調停法	特定債務等の調整の促進のための特定調停に関する法律
特定電子メール法	特定電子メールの送信の適正化等に関する法律
パートタイム労働法	短時間労働者の雇用管理の改善等に関する法律
廃棄物処理法	廃棄物の処理及び清掃に関する法律
風俗営業法	風俗営業等の規制及び業務の適正化等に関する法律
不正アクセス禁止法	不正アクセス行為の禁止等に関する法律
プロバイダ責任制限法	特定電気通信役務提供者の損害賠償責任の制限及び発信者情報の開示に関する法律
マイナンバー法	行政手続における特定の個人を識別するための番号の利用等に関する法律
労働者派遣法	労働者派遣事業の適正な運営の確保及び派遣労働者の保護等に関する法律

＊本表にない法律については、本文内で正式名称を示しています。

目　次

はじめに（監修者より）　i

はじめに（執筆者を代表して）　ii

法律名対照表〈略称―正式名称〉　iv

第1章　創業と会社運営に関する基礎知識

1.1　創業のための基礎知識 …………………………………………… 2

Q1　創業の形態とメリット・デメリット　2

Q2　創業資金とその調達方法　4

Q3　金融機関の選択と付き合い方　6

Q4　法人形態の種類と選び方　8

Q5　個人事業の特徴と事業開始手続　10

Q6　法人設立の手続と流れ　12

Q7　開業前に許認可が必要な事業　14

Q8　従業員を募集する方法と留意点　16

1.2　リスクに備えるための基礎知識 …………………………… 18

Q9　製品の開発と広告・宣伝で留意すること　18

Q10　取引と契約における留意点　20

Q11　署名と記名・押印、印章に関する知識　22

●コラム　「印鑑」と「印影」にまつわるあれこれ　24

Q12　税金について最低限知っておくべきこと　25

Q13　内部不正防止のために心掛けるべきこと　28

Q14　マイカー通勤のリスクと対策　30

1.3　想定されるトラブルへの対応方法 ………………………… 32

Q15　内容証明郵便の利用　32

Q16　トラブル対応手段としての調停　34

Q17　知的財産権侵害への対抗措置（差止請求）　36

Q18　損害賠償についての基礎知識　38

Q19　公証役場とは　40

Q20 各士業の得意分野と相談の仕方　42

第2章　中小企業に関する法律と中小企業支援制度

2.1　中小企業を支援する法律と制度 ……………………………… 46

Q21 中小企業を支援する法律のあらまし　46

Q22 中小企業が活用できる経営支援機関　48

Q23 保証付融資の利用法　50

Q24 保証付融資の返済が滞った場合──代位弁済と求償権請求　52

2.2　親企業との関わり方について ……………………………… 54

Q25 下請法規制の対象になる取引と判断方法　54

Q26 商社等を経由する取引と下請法の関係　57

Q27 親会社から一方的に取引条件を変更された場合　59

●コラム　下請取引を優位に進めるために　61

Q28 フランチャイズビジネスの特徴と契約時の留意点　62

第3章　事業活動に関する法律と制度

3.1　事業活動と契約、改正民法に関する知識 ………………… 66

Q29 ビジネスにおける契約と契約書の意義　66

Q30 ビジネスにおける契約締結上の留意点　69

Q31 民法改正の要点と実務への影響　72

3.2　債権回収の方法と進め方 ……………………………………… 76

Q32 段階的な債権回収の手段　76

Q33 時効で債権がなくなるのを防ぐには　78

Q34 代物弁済による債権回収　80

Q35 債権譲渡による債権回収　82

Q36 支払督促による債権回収　84

Q37 民事調停による債権回収　86

Q38 仮差押えによる債権保全とは　88

Q39 即決和解による債権回収　90

Q40 少額訴訟による債権回収　92

Q41 民事訴訟による債権回収　94

目　次　vii

3.3　保証、銀行借入れ、手形・小切手の知識 ……………………… 96

Q42　保証人になる前に知っておくべきこと　96

Q43　銀行取引約定書中の期限の利益喪失条項について　98

Q44　手形の振出しと受取り　100

Q45　手形の裏書について　102

●コラム　手形そのものを無効にする有害的記載事項　105

Q46　小切手の振出しと受取り　106

3.4　個人情報の扱い方について ………………………………………… 108

Q47　改正個人情報保護法の概要　108

Q48　マイナンバー法について知っておくべきこと　111

第4章　商品の開発・販売に関する法律

4.1　消費者契約とインターネット取引 ………………………………… 114

Q49　消費者契約法の概要　114

Q50　インターネット販売に適用される法律　116

Q51　インターネット販売におけるトラブルと留意点　118

4.2　不正な競争・表示への規制 ………………………………………… 120

Q52　不正競争防止法の規制対象　120

Q53　不当な広告や表示に関する規制　122

Q54　景品表示法に抵触する不当表示の例　124

Q55　健康食品の表示に対する規制　126

4.3　製品の安全と廃棄物の処理 ………………………………………… 128

Q56　PL法の概要と対策　128

Q57　事業に伴う廃棄物の処理について　130

4.4　知的財産権に関する法律と制度 …………………………………… 132

Q58　知的財産権の種類と概要　132

Q59　特許権の活用と知財経営の課題　134

●コラム　知的資産経営とは　137

Q60　特許出願の流れと特許料減免・補助金制度　138

Q61　意匠権設定によるデザインの保護　140

Q62　商標登録の流れ　142

Q63　著作者の権利について　144

Q64　他人の著作物の利用について　146

　●コラム　クリエイティブコモンズ・ライセンスとは　148

第5章　会社運営に関する知識（会社法等関連）

5.1　中小企業の機関設計 ……………………………………………… 150

Q65　株式会社の機関と組み合わせ　150

Q66　取締役が負う損害賠償責任とは　152

5.2　株式制度の概要と利用方法 …………………………………… 154

Q67　株主の権利について知っておくべきこと　154

Q68　株式譲渡制限会社の特徴と留意点　156

Q69　事業承継に活用できる種類株式　158

5.3　中小企業の会計処理 …………………………………………… 160

Q70　新しい中小企業会計のルール（中小会計要領）　160

第6章　人事・労務に関する法律・制度とトラブルの防止

6.1　人事・労務に関する基礎知識 ………………………………… 164

Q71　労働にかかわる法律のあらまし　164

Q72　人材募集・採用の方法と手順　167

Q73　就業規則による職場の秩序づくり　170

　●コラム　懲戒処分とは　172

Q74　多様な人材を活用するための法律と制度　173

　●コラム　ワークライフバランスの本質と労働制度の見直し　175

6.2　労働時間と賃金に関する問題 ………………………………… 176

Q75　労働基準法の労働時間に関する規定　176

Q76　業務の繁閑に対応する労働時間制度　178

Q77　労働基準法の賃金に関する規定　180

6.3　職場のトラブル防止 …………………………………………… 182

Q78　労働時間・賃金に関するトラブルの防止　182

Q79　労働環境・安全衛生に関する留意点　184

Q80　退職・解雇に関するトラブルの防止　186

Q81　ハラスメントに対する法的・社会的要請について　188

目　次　ix

第7章　事業承継・再生・終了に関する法律と手続

7.1　円滑な事業承継のための基礎知識 ……………………………… 192

Q82　事業承継と相続（遺産分割）の問題　192

Q83　遺言による円滑な事業承継　194

Q84　事業承継を円滑に進めるための法律と制度　196

●コラム　中小企業の「万一」に備える　198

Q85　親族外承継の留意点　199

●コラム　事業承継と M&A　201

7.2　事業再生に関する制度と手続 ……………………………………… 202

Q86　リスケと債権放棄による再生　202

Q87　中小企業再生支援協議会による再生支援　204

Q88　特定調停による債務整理　206

Q89　民事再生の特徴と手続の流れ　208

7.3　事業終了に関する制度と手続 ……………………………………… 210

Q90　個人事業の廃業と債務整理　210

Q91　法人清算と手続の流れ　212

索　引　214

監修者・執筆者・協力者一覧　219

第 1 章

創業と会社運営に関する基礎知識

1.1 創業のための基礎知識

1.2 リスクに備えるための基礎知識

1.3 想定されるトラブルへの対応方法

1.1 創業のための基礎知識

創業の形態とメリット・デメリット

 法人より個人事業の方が、簡便かつ低費用で創業できると聞いています。個人事業と法人とでは何が違い、どちらが有利なのでしょうか。

Point

- 個人事業と法人では、利益が同じでも税額に差が出ます。
- 個人事業のメリットは、定款作成や登記が不要で、すぐに始められることです。
- 法人のメリットは、社会的信用や融資の可能性を高められることです。

　創業に際し、個人事業主と法人のどちらが有利かは、その目的や事業内容などにより異なります。着目する観点も一律ではありませんが、ここでは、①収入や収益に着目した税制上の観点、②事業運営上の主な相違点を中心に解説します。

1　所得税と法人税の違い

　個人事業と法人の税引後利益に差が生じるのは、法人税よりも所得税の累進性が高いためです。図表1-1-1の例で考えてみましょう。個人事業では、事業の利益と個人の所得は一体（1,000万円）ですが、法人の場合は代表者個人の報酬（600万円）を経費として計上できます。その上で、利益又は報酬額をもとに所得税の早見表、法人税の税率から税額を算出し、各々税引後利益（報酬）の合計を求めます。

　税引後利益の合計額を見ると、法人の方が個人事業の場合よりわずかに多くなっています。青色申告控除や基礎控除などを考慮すると状況は変わ

図表1-1-1　事業収益が同一の場合の比較

項　目	個人事業		法人事業		
				代表者報酬	
事業収益	10,000		10,000	6,000	
役員報酬			6,000		
税引前利益	10,000		4,000	6,000	
所得税	1,764	33.0%		473	20.0%
法人税			600	15.0%	
税引後利益	8,236		3,400	5,527	
税引後利益合計		8,236			8,927

＊金額の単位は千円。単純化のために、所得税早見表の控除額以外の各種控除や軽減税率、法人事業税、法人住民税などは省略した。

図表1-1-2 所得税の早見表（個人事業の場合）

課税される所得金額	税率	控除額
195万円以下	5.0%	0円
195万円超330万円以下	10.0%	97,500円
330万円超695万円以下	20.0%	427,500円
695万円超900万円以下	23.0%	636,000円
900万円超1,800万円以下	33.0%	1,536,000円
1,800万円超4,000万円以下	40.0%	2,796,000円
4,000万円超	45.0%	4,796,000円

＊税額＝所得額×税率－控除額

図表1-1-3 法人税の税率（概要）

中小法人等	年800万円以下の部分	15%
	年800万円超の部分	23.4%＊
中小法人以外の普通法人		23.4%＊
公益法人等	年800万円以下の部分	15%
	年800万円超の部分	19%
協同組合等又は特定の医療法人	年800万円以下の部分	15%
	年800万円超の部分	19%
	特定の協同組合等の年10億円超の部分	22%

＊2018年4月1日以後に開始する事業年度については23.2%

りますが、一般的には、事業収益が増えるに従い、所得全額に累進課税が適用される個人事業の方が税額では不利になります。

2 | 事業運営上の違い

税制以外の主な個人事業と法人の相違点を、図表1-1-4にまとめました。

3 | その他の観点

これらのほか、個人事業で2年間、消費税の免税を最大限受けてから法人化し、さらに2期の免税を受ければ、最長4年間節税が可能になると言われます。これも一つの考えですが、創業の形態は、税制だけで判断するのではなく、事業を運営するための最適な形態という視点で考えるべきです。

図表1-1-4 個人事業と法人の違い

	個人事業	法人事業
開業、設立手続	税務署に開業届を提出、コストゼロ	定款作成、登記が必要（10〜30万円）
事業の廃止	税務署に廃業届を提出	解散登記、公告等が必要（数万円）
債務弁済責任	無限責任	有限責任（株式会社、合同会社など）
赤字の繰越し	青色申告の場合3年	9年（2018年4月1日以後に開始する事業年度においては10年）
事業上の信用度など	信用度は相対的に低い	公私の区別が明瞭で金融機関からの融資で有利
	大型店舗の賃貸借などでは法人に限る場合あり　大手企業等では取引口座開設を法人に限る場合あり	
会計・経理	個人の確定申告（簡単）	決算書、税務申告書の作成が必要（税理士に委任することが多い）
生命保険	所得控除	経営者の生命保険は一定割合が経費
社会保険	5人未満であれば加入義務なし	1人から加入義務あり

創業資金とその調達方法

 これから創業を考えています。創業にはどのくらいの資金が必要で、その調達にはどのような方法があるのか教えてください。

Point

・創業に必要な資金（開業資金）は、設備資金と運転資金に分けられます。
・調達方法には、①自己資金、②出資、③融資、④助成金・補助金等があります。

1 │ 必要な資金を計算する

創業する際には、資金がいくら必要で、それをどう調達するか検討しなければなりません。まずは、図表1－1－5を参考にして、自分なりに洗い出します。

図表1－1－5　創業に必要な資金の概要

資金種別	資金の内訳（概要）
開業資金	・店舗、事務所にかかる費用 　①地代家賃 　②敷金・礼金 　③不動産会社への仲介手数料 ・設備、備品にかかる費用 　①内装工事費 　②什器（机、椅子など）、IT機器等の費用 ・開業時の広告宣伝等の費用
運転資金	仕入代金、人件費、家賃、水道光熱費等 ＊3ヵ月～半年間の運転資金はあらかじめ確保しておく。

2 │ 資金の調達方法を検討する

必要資金が見えてきたら、各資金の調達方法を検討します。まずは自分の手元にどれだけの資金があるか（自己資金でどれぐらいまかなうことができるか）を見積もった上で、外部からの資金調達額を算出します（図表1－1－6）。

(1) **自己資金**

創業時には、まず自己資金でどの程度必要な資金をまかなえるかが非常に重要で

第1章　創業と会社運営に関する基礎知識　　5

図表1－1－6　創業時の資金計画表

必要な資金		金　額	資金調達の方法	金　額
設備資金	・店舗（工場）など 　[内訳]		・自己資金	
			・その他（親・兄弟など）からの 　借入額 　[内訳・返済方法]	
	・機械装置・備品など 　[内訳]			
運転資金	創業に必要な商品の仕入代金・ 経費の支払資金など		・金融機関からの借入額 　[内訳・返済方法]	
必要資金の合計		○	資金調達の合計	●

＊各合計額欄（○と●）は必ず一致させる。

す。必要資金の3分の1から半分は自己資金で用意することが望ましいでしょう。

(2)　出資

　自身の事業計画に対して出資をしてくれる人がいれば、出資を受けるという選択肢もあります。ただし、他人の出資比率が多くなりすぎると、経営者としての裁量・決定権を失う可能性がありますので、株式保有割合と議決権については、十分に留意する必要があります。

(3)　融資

　金融機関は、大別すると政府系金融機関（日本政策金融公庫、商工組合中央金庫など）と民間金融機関（都市銀行、地方銀行、第二地方銀行、信用金庫、信用組合など）があります。創業者向け融資サービスが充実している日本政策金融公庫や制度融資（地方自治体が、信用保証協会、金融機関と協力して中小企業や創業を目指す人へ支援することを目的とした制度）も検討対象になります。

　融資審査においては、創業する職種に対する経験が長いと有利になります。

(4)　補助金・助成金

　国や地方公共団体が、創業者に対して補助金や助成金を準備している場合があります。補助金・助成金は、融資と違って返済をする必要がありませんが、利用するためには、応募（補助金）又は申請（助成金）が必要です。補助金の場合は審査があり、事業の独創性や実現可能性、収益性や継続性、資金調達の見込みなどがポイントになりますので、自力での対応が難しい場合は、税理士や中小企業診断士など専門家の支援を受けることも考えます。

金融機関の選択と付き合い方

Q3 借入先として、担当者がよく話を聴いてくれる信用金庫にひかれていますが、金融機関はどのような基準で選べばいいのでしょうか。

Point

・創業資金の借入先の候補としては、メガバンク、地方銀行、信用金庫・信用組合、政府系金融機関等があります。
・どの金融機関でも、担当者の異動があることを念頭に置く必要があります。
・金融機関の機能は融資だけでなく、コンサルティングでも活用できます。

1 銀行、信金、信組の違い

　金融機関には多くの種類があり、金融サービスという点では同じでも、根拠法による業務範囲や経営理念の違いなどがあります。

　銀行は銀行法を根拠法とした株式会社であり、営利を目的とした組織で株主利益が優先され、プロパー融資（信用保証協会の保証が付かない融資）の場合は、比較的規模の大きな企業が対象になります。

　信用金庫（信金）は、地域の居住者等が利用者・会員となって互いに地域の繁栄を図る相互扶助を目的とした協同組織で、主な取引先は中小企業や個人です。会員、すなわち地域社会の利益が優先されます。営業地域は定款に定めた地域に限定されており、資金がその地域の発展に生かされている点も銀行と大きく異なります。このため、法人税率も、銀行に比べて低く設定されています（図表1－1－7）。なお、預金は会員以外でも受け入れます。

　信用組合（信組）は、信用金庫と同じ協同組織の金融機関ですが、根拠法や会員（組合員）資格が異なります。また、預金の受入れについても、信用金庫とは異なり一定の制限があります。

　日本政策金融公庫は、株式会社日本政策金融公庫法を根拠法とした、100％政府出資の金融機関です。国の政策に則った制度融資を行っており、創業関連の融資にも積極的です。

第1章　創業と会社運営に関する基礎知識　　7

図表1－1－7　金融機関の違い

	銀　行	信用金庫	信用組合
根拠法	銀行法	信用金庫法	中小企業等組合法、協同組合による金融事業に関する法律
組織	株式会社	会員・組合員の出資による共同組合組織の非営利法人	
議決権	株主は1株につき1議決権	会員・組合員は1人につき1議決権	
地区	制限なし	制限あり（定款）	
会員・組合員資格		地区内において、住所又は居所を有する者、事業所を有する者、勤労に従事する者。ただし、事業者について、信金は従業員300人以下又は資本金9億円以下、信組は従業員300人以下又は資本金3億円以下等の制限あり	
出資の最低限度額	20億円	特別区及び指定都市：2億円	同左：2,000万円
		その他：1億円	同左：1,000万円
業務の制限		員外預金：会員以外からの預金受入れに制限なし	同左：組合員以外からの預金受入れは、預金・定期積金の20%を超えてはならない
		員外貸出：会員・組合員以外への貸出は、貸出総額の20%を超えてはならない	
監査法人による監査	すべての銀行が対象	預金等総額500億円以上の金庫が対象	預金等総額500億円以上で員外預金比率15%以上の組合が対象
法人税（概要）	税率23.4%＊	税率19.0%	

＊2018年4月1日以後に開始する事業年度については23.2%

2 ｜ 担当者の異動に注意

　金融機関を選択する上で注意すべきことの一つは、担当者の異動です。不正や癒着を防ぐために、金融機関では一般的に2～3年で人事異動があります。

　そこで、担当者が替わることも想定しておかなくてはなりません。東京で開業し、地元の支店から融資を受けていても、全国に支店網を持つメガバンクの場合は、担当者が北海道から転勤してくる場合もあります。その点、信用金庫であれば、転勤も近隣からの場合が多く、地元のことはだいたいわかっていて、比較的スムーズに引継ぎが行われます。反面、カバーする地域が限られているので、それ以外の地域については事情がわからないというケースも生じます。

3 ｜ 金融機関のコンサルティング機能活用

　地元での事業を主体とするなら、地域に密着した金融機関を選択するといいでしょう。さらに、創業したばかりで自社の管理・経理処理に不安がある場合には、金融機関のコンサルティング機能を利用させてもらうのも有効です。

法人形態の種類と選び方

Q4 法人には、どのような形態があるのでしょうか。また、営利を目的として創業する場合には、どのような基準で法人形態を決定したらいいでしょうか。

A4

Point

・営利を目的とする法人には、*株式会社、合同会社、合名会社、合資会社*などがあります。
・非営利活動を目的とする法人には、*一般社団法人、一般財団法人、NPO法人*などがあります。

1 営利目的法人

　営利を目的とする法人は、「株式会社」、「合同会社」、「合名会社」、「合資会社」の4種類が代表的であり、それぞれ以下のような違いがあります。

　合名会社とは、社員（＝出資者）が会社の債権者に対し直接連帯して責任を負う「無限責任社員」だけで構成される会社形態のことを言い、1名以上で設立できます。一方、合資会社は、「無限責任社員」と「直接有限責任社員」（会社の債務に対し、定款に定めた各自の出資のうち、履行が未完了である出資金額も含めた出資金を限度に責任を負う）とで構成される会社形態を言います。設立には無限責任社員・有限責任社員ともに1名以上、計2名以上が必要です。

　他方、株式会社や合同会社は、株式や持分として払い込んだ出資金を限度に責任を負う「間接有限責任社員」のみで構成されています。有限責任社員は、個人的に連帯保証人や担保提供者等になっていない限り、出資金額以上の責任を負うことはありません。会社法施行に伴い、合同会社という会社形態が誕生した現在では、経営陣が直接リスクを負う合名・合資会社をあえて設立するケースは少なくなっています。

　なお、有限会社は2006年の会社法施行により新規設立ができなくなりました。既存の有限会社は存続可能です。

図表１－１－８　株式会社と合同会社の比較

	株式会社	合同会社
事業目的	自由	自由
設立手続	登記のみ	登記のみ
所轄庁	なし	なし
資本金	１円以上	１円以上
定款認証費用	40,000円（電子認証の場合０円）	40,000円（電子認証の場合０円）
定款認証手数料	50,000円	０円
登録免許税	最低150,000円（資本金×0.7％）	最低60,000円（資本金×0.7％）
役員の任期	２～10年	任期なし
決算の公開	公告義務あり	公告義務なし
税制	全所得に課税	全所得に課税
特徴	所有と経営の分離	所有と経営が一致
	配当の金額は原則として持ち株数に比例する	配当について、持ち分（出資額）に関係なく割合を決定できる
	上場の途がある	株式会社に改組可能
	代表者は「代表取締役」	代表者は「代表社員」

2 ┃ 株式会社と合同会社の違い

　個人事業主や合名・合資会社の場合、事業破綻・倒産等に陥った場合は無限に責任を負うこととなっています。これに対し、株式会社や合同会社は間接有限責任にとどまるため、一定のリスクは回避できるという点が大きな特徴となります。

　他方で、設立費用を比較すると、株式会社は、定款認証費用、定款認証手数料、登録免許税で合計20～24万円がかかりますが、合同会社では、定款認証手数料が不要のため、合計６～10万円で設立することができます。なお、設立後にかかる税金（法人税、法人事業税、法人住民税、消費税など）は、どの会社形態も同じです。

　また、合同会社は、決算公告の義務がなく、利益配分や機関設計の自由度も高いので、スモールビジネスを運営するのに適しています。

3 ┃ 非営利目的法人

　非営利目的法人とは、構成員への利益分配を目的としない法人です。具体的には、NPO（特定非営利活動）法人、一般社団法人、一般財団法人などがあります。公益色を出したり、社会貢献型ビジネスを行ったりする場合などに適しています。この中で、NPO（特定非営利活動）法人は、活動内容が社会貢献的要素の強い20種類の分野に限られており、認証まで時間がかかります。一方で、登記にかかる登録免許税は非課税となり、定款認証料はかからないというメリットもあります。

個人事業の特徴と事業開始手続

これから、個人事業主として創業しようと考えています。法人で創業する場合との手続や運営上の違いについて教えてください。

A5
Point

・個人事業の最大のメリットは、すぐに始められることです。
・法人の場合、個人事業に比べて信用度が高いことで、取引、資金調達、人材確保等の点で有利になります。
・小規模に個人事業主で始め、売上拡大に伴い法人に転換することも可能です。これを、「法人成り」といいます。

1 個人事業主と法人の違い

個人事業は個人が事業を行い、全責任を負うもので、自営業者とも呼ばれます。事業主一人又は家族や少数の従業員を抱える小規模な組織が一般的です。法人の代表格である株式会社と個人事業主の違いを、図表1-1-9にまとめました。

個人事業主で創業する最大のメリットは、事業開始にあたっての手続が簡便で、運営の手間もかからず、すぐに始めることができるという点です。定款作成も登記も不要で、税務署に開業届などを提出するだけで始めることができます。また、経

図表1-1-9 個人事業主と株式会社の違い

内容	個人事業主	株式会社
開始手続	比較的簡単（許認可や資格が必要な事業は除く）。	登記が必要（20～24万円程度が必要となる）。
事業の変更	手続の必要はなく、いつでも自由に変更できる（許認可や資格が必要な事業はそれに伴う手続は必要）。	事業内容を変更する際、定款を変更しなければならない。その際に株主総会決議等の手続が必要となる。
交際接待費	必要と認められるような交際費については、全額経費として認められる。	限度がある。
経理	仕訳が不要な簡易な簿記でもいい（ただし、青色申告で65万円控除を受ける場合は複式簿記が必須）。	複式簿記が義務付けられている。

第1章　創業と会社運営に関する基礎知識　　11

理や税務なども比較的簡単で、経理ソフトなどを使うことで比較的簡単にできますので、コストがかからないというメリットもあります。

　一方、株式会社を設立するには、それなりに費用もかかり、手順や手続も複雑です。反面、個人事業とは異なり、社会的な信用度は高く、資金調達、決算月などの面でも自由度が大きいというメリットがあります。これには、制度上、個人と法人の資産、費用などが明確に分離されるという要因があります。

2 | 個人事業の開始手続

　個人事業の開始手続を、図表1−1−10にまとめました。このように、事業主の事情によって必要な手続が異なりますので、注意してください。

3 | 法人成りした年の申告

　個人事業主が会社を設立し、事業を法人化することを「法人成り」と言います。この場合、仮に法人の設立日（会社の設立登記をして法務局に受理された日）が5月15日、実際に法人として営業を開始した日（個人の事業を引き継いだ日）が6月1日だとすれば、個人事業の廃業届は5月31日付けで提出することになり、個人事業の確定申告の対象期間は5月31日まで、法人事業の初年度は5月15日（形式的に判断されます）から定款で定めた事業年度の末日までとなります。

図表1−1−10　個人事業の開始手続

対　象		届出の名称	届出先	提出期限
個人事業を始める人すべて		個人事業の開業・廃業届出書	納税地の所轄税務署	開業の日から1ヵ月以内
		個人事業開始申告書	事業所所在の都道府県税事務所	開業後速やかに
		所得税の棚卸資産の評価方法・減価償却資産の償却方法の届出書	納税地の所轄税務署	最初の確定申告の提出期限まで
青色申告を希望する人		所得税の青色申告承認申請書	納税地の所轄税務署	開業の日が1月15日以前の場合は3月15日まで。開業の日が1月16日以降の場合は開業の日から2ヵ月以内
	青色専従者給与を支払う人	青色事業専従者給与に関する届出・変更届出書		
従業員に給与を支払う人		給与支払事務所等の開設・移転・廃止届出書	事務所所在地の所轄税務署	給与の支払いを始めて1ヵ月以内
	源泉税の納期の特例を受ける人	源泉所得税の納期の特例の承認に関する申請書		随時

法人設立の手続と流れ

 法人を設立して事業を始めたいと思っています。法人設立から事業開始までに、どのような手続が必要になるのか、具体的に教えてください。

Point

・法人設立は司法書士に依頼するか、公証役場、法務局の相談窓口を利用して自分で行うこともできます。
・法人設立では、主に登記、会社印鑑の登録、法人預金口座の作成、社会保険の加入（人を雇用する場合）等の手続をする必要があります。

1 法人の設立手続

　法人の種類によって、設立手続にも異なる部分があります。わかりにくい点が多いので、司法書士に依頼するか、自分で行う場合は、公証役場、法務局の相談窓口、税務署などに事前確認をしておきます。最近は、株式会社や合同会社の設立を支援するインターネットのサービスもあります。

2 法人設立の登記以外の手続

　法人の設立登記が完了したら、登記事項証明書と印鑑登録証明書をとって内容に間違いがないか確認しておきましょう。

　その後、税務署・県税事務所・市町村へ開業の届出をします。給与の支給人員が常時10人未満である場合は、税務署に源泉所得税の納期の特例の承認に関する申請をしておけば、原則として徴収した日の翌月10日が納付期限となっている源泉所得税を、年2回にまとめて納付することができます。

　従業員を雇用する場合には、労働基準監督署（適用事業所の届出）、ハローワーク（雇用保険加入申請）、年金事務所（厚生年金・健康保険の加入申請）への届出が必要になります。営業活動のための金融機関の法人口座開設にも、金融機関の審査がありますので、早めに手続をするようにします。

3 ┃ 法人設立手続の流れ

　図表1−1−11に法人設立手続の主な流れをまとめました。この流れに従って必要になる手続を確認してください。

図表1−1−11　法人設立手続の流れ

STEP 1　発起人を決定する

1人以上の発起人が必要。発起人とは、会社設立の発案者及び賛同者であり、登記完了まで一切の手続を進めていく人物のこと。

STEP 2　商号を決定する

会社を設立するために商号（社名）を決める。同一住所にすでに登記されている会社名と同じ名前をつけることは禁止されている。

STEP 3　会社の基本事項を決定する

商号（社名）、目的（事業の内容）、本店所在地、資本金（出資額）などを決めておく。その他、会計年度、誰が役員に就任するか、報酬はどうするか、また株式会社の場合、株式は何株発行するのかなどを決めておく。

STEP 4　会社の代表印などを作る

商号が確定したら、会社代表者の印鑑を作成する。設立登記の際に、この代表印の届出が必要になる。合わせて、銀行印、社名印、住所・電話・社名の入ったゴム印なども作っておくとよい。

STEP 5　関係者個人の印鑑証明をとる

必要になる印鑑登録証明書については、関係者の人数によって枚数が異なる。提出先は株式会社、合同会社によって異なる。なお、印鑑登録証明書は、通常、登記申請日から逆算して3ヵ月以内に発行されたものが必要となる。

STEP 6　定款を作成

株式会社の場合は、商号、目的、本店所在地、会社が発行する株式の総数、会社の設立に際して発行する株式の総数、会社が広告する方法、発起人の氏名と住所が絶対に記載すべき事項（絶対的記載事項）となる。相対的記載事項や任意的記載事項の中では、株式の譲渡制限を記載するケースが多い。

STEP 7　公証人に定款の認証を受ける

公証役場へ行き、作成した定款を公証人に認証してもらう。このとき、認証手数料5万円と公証役場に保管する定款1部に4万円の収入印紙の貼付が必要になる。ただし、電子定款の場合は収入印紙の貼付は不要。合同会社の場合は、公証人の認証手続は不要であるが、紙ベースで定款をつくると、やはり4万円の収入印紙の貼付が必要になる。

STEP 8　委託金融機関に出資金を払い込む

発起設立（発起人だけで発行株式のすべてを引き受ける）の場合は、資本金の払込みについては、払込金保管証明書ではなく、残高証明で足りる。発起設立の場合、取締役・監査役を事前に選任しておけば創立総会の開催は不要で、選出された取締役によって取締役会を開催する。代表取締役の選出、正確な本店所在地（定款では行政区域だけを記載）、取締役の報酬を決め、議事録を作成する。

STEP 9　設立登記申請書を作成し、登記申請する

会社の設立日は、登記申請した日になる。記入内容に不備があると受け付けられないので、不安がある場合は事前に法務局に相談するとよい。

開業前に許認可が必要な事業

事業を開始する前に管轄官庁の許認可を取得しておかなくてはいけない業種があると聞きました。業種によって、どのような許認可が必要になるのでしょうか。

Point

・許認可が必要な業種を無許可で営業すると、罰則が適用されたり、営業停止等の処分を受けたりすることがあります。
・許認可の具体的な取得方法や条件などは、早い段階で管轄官庁に確認しておくことが大切です。

1 主な業種の許認可申請先

法令や条例により、実際に営業を開始する前に関係諸官庁の許認可が必要な業種が定められています。図表1-1-12に、代表的なものをまとめました。

許認可業種を無許可で営業すると、罰則や営業停止などの処分を受けることにな

図表1-1-12 許認可の申請先一覧表

業　種	受付窓口	許認可権者	適用される主な法律
飲食店等	保健所	知事	食品衛生法
建設業	都道府県庁	国土交通大臣又は知事	建設業法
深夜酒類提供飲食店等	警察署	公安委員会	風俗営業法
古物営業	警察署	公安委員会	古物営業法
宿泊業	保健所	知事	旅館業法
第1種旅行業	運輸局事務所	観光庁長官	旅行業法ほか
第1種以外の旅行業	都道府県庁	知事	旅行業法ほか
酒類販売業	税務署	税務署長	酒税法
宅地建物取引業	都道府県庁又は地方整備局長等	知事又は国土交通大臣	宅地建物取引業法ほか
診療所	保健所	知事	医療法
美容院・理容院	保健所	知事	美容師法・理容師法
クリーニング店	保健所	知事	クリーニング業法
行商人	保健所	知事	食品製造業等取締条例

りますので、開始する事業が許認可業種なのかどうか確認し、許認可業種の場合は、その取得条件について早い段階で官庁などに確認しておくことが大切です。

2 ┃ 注意を要する業種

(1) 飲食店

　この業種は、食品衛生法上の「飲食店営業許可」を取得しなければいけません。飲食店営業は、例えば、一般食堂、レストラン、給食施設、その他食品を調理し、又は設備を設けて客に飲食させる業務です。コンビニエンスストアの、①おでんや唐揚げなどの調理、②イートインスペースの設置などについては、①は飲食店に該当せず、②は飲食店に該当することになります（「コンビニエンスストア等に係る飲食店営業施設基準等の取扱いに関するガイドライン」2007年3月、厚生労働省）。

　飲食店を開業するにあたっての申請書提出から営業開始までの流れは、図表1－1－13のようになります。そもそも、飲食店営業許可制度の目的は、食物を扱う飲食店の衛生状態等を維持することですので、許可要件の主なものは店舗の設備に関する事柄です。したがって、内装工事前に保健所に相談しておくといいでしょう。

　また、専任の食品衛生責任者が1人必要になります。食品衛生責任者になるためには調理師免許など一定の資格が必要ですが、食品衛生協会が開催する1日の講習を受講することでも資格を得ることができます。

図表1－1－13　飲食業開業までの流れ

1. 保健所へ書類提出
   ↓
2. 店舗現地調査の日程調整（書類提出時）
   ↓
3. 保健所職員による店舗現地調査
   ↓
4. 営業開始
   ↓
5. 飲食店営業許可証交付

(2) 深夜酒類提供飲食店

　飲食店の中で、酒類を提供し、午前0時を過ぎて営業する場合は、風俗営業法の許可が必要となります。こちらは管轄が公安委員会で、厳重に審査されます。特に、用途地域（住居地域・商業地域・工業地域などの区分）によっては深夜酒類営業ができないことがありますので、そのような用途地域の物件を借りてしまうと、そこではどう頑張っても開業できませんので、この確認はとても大切です。

　ここでは、飲食業を例に許認可を受ける条件などの要点について説明しましたが、他の許認可事業でも同様なことが想定されますので、管轄官庁に十分確認・相談の上、必要な認可を取得するようにしてください。

従業員を募集する方法と留意点

今回、はじめて従業員を募集するのですが、知っておかなくてはならない法令や手続には、どのようなものがあるでしょうか。

Point

・人材募集には、①自ら募集する方法、②ハローワークや職業紹介事業者を利用する方法があります。
・人材募集に際しては、労働条件の明示が義務付けられ、労働保険、社会保険の整備も必要になります。

中小企業が人材を募集する方法としては、自らがホームページや店頭掲示などにより直接募集をするほか、ハローワークや職業紹介事業者に委託して募集することが考えられますが、それぞれについての留意点の概要を説明します。

1 求人者自らが募集する方法

求人者が自ら人材を募集する場合は、その求人数、規模等に応じて、直接個人に勧誘するケースもあれば、新聞や雑誌、自社のホームページなどに募集広告を載せるケースもあります。募集広告をする際の留意点は、次の通りです。

(1) 募集条件の明示

職業安定法と職業安定法施行規則では、募集に際し、以下の具体的労働条件を明示することを義務付けています。

　①労働者が従事すべき業務の内容
　②労働契約の期間
　③就業場所
　④始業及び終業の時刻、所定労働時間を超える労働の有無、休憩時間及び休日
　⑤賃金（臨時に支払われる賃金、賞与等を除く）の額
　⑥健康保険、厚生年金保険、労働者災害補償保険、雇用保険の適用

虚偽の広告や条件の提示による求人に対しては、懲役・罰金刑等の刑事罰が適用されることもありますので、十分注意してください。

(2) 各種法令に違反しないこと

募集条件は原則として使用者が自由に決められますが、使用者の採用の自由は各種法令で一定の規制を受けており、募集条件の策定にあたっては法令を遵守する必要があります（図表1－1－14）。

図表1－1－14　人材募集上遵守すべき法令とその概要

男女雇用機会均等法	事業主は以下の事項について、労働者の性別を理由に差別することが禁止されている。①労働者の募集・採用、②労働者の配置・昇進、昇格教育訓練、③福利厚生、④労働者の職種及び雇用形態の変更、⑤退職の勧奨、定年、解雇、労働契約の更新
パートタイム労働法	短時間労働者＊を雇用する事業主に対して、以下の規制を定めている。①労働条件等の文書による明示、②環境の整備、③差別的取扱いの禁止、④正社員への転換、⑤待遇についての説明、⑥相談のための体制の整備・苦情処理・紛争解決援助、⑦短時間雇用管理者の選任など
雇用対策法	事業主の責務として、労働者の募集及び採用について年齢にかかわりなく均等な機会を与えられるよう年齢制限が禁止されている（合理的な理由があって例外的に年齢制限が認められる場合については、厚生労働省令に規定されている）。

＊短時間労働者：1週間の所定労働時間が、同一事業所に雇用される通常の労働者の1週間の所定労働時間に比して短い労働者

2 ┃ ハローワークや職業紹介事業者を利用する方法

(1) ハローワーク

ハローワークは、原則としてすべての求人申込みと求職申込みを受理しなければなりません。したがって、求人を希望する事業者は、誰でもハローワークを通して、簡単に求人の申込みをすることができます。

(2) 民間の職業紹介事業者

港湾運送業、建設業以外の業種においては、民間の職業紹介事業者も自由に利用することができます。ハローワークと異なり、紹介手数料がかかります。また、業者によって得意とする分野や業種がありますので、求める人材の内容を正確に伝えることが重要です。

人事・労務に関しての詳細は、第6章も参照してください。

1.2　リスクに備えるための基礎知識

製品の開発と広告・宣伝で留意すること

当社では、脱下請けの一環として、自社技術を活用した独自製品の開発を目指しています。製品の開発・販売にあたって注意すべき法律について、アドバイスをお願いします。

A9

Point

・自社製品の製造販売や輸入販売では、事業主体として表示規定や禁止表示に関する法律規定に十分留意する必要があります。
・知的財産権を軽視せず、営業上の権利関係の訴訟リスクに備えましょう。

1 ｜ 独自製品事業を行う企業に求められる責任

　独自製品の製造販売、輸入販売を行う場合は、下請事業の場合は必要のなかった法律的要求に対応することが求められます。ここでは、正しい製品情報の提供、製品の安全性と事故対応、技術適合性、知的財産権への対応について、留意すべき主な法律と概要をリストアップします。詳細については、第4章を参照してください。

2 ｜ 製品やサービスの表示に関する法律

　自社の独自製品を広く認知してもらうためには、あらゆる表示媒体を使って製品の存在や優位性をアピールする必要があります。表示に関する法律は、不当表示を規定するものと表示義務を規定するものに大別されます（図表1－2－1）。

3 ｜ 製品安全に関する法律

　製品安全についての法律には、安全基準や技術規格への適合要求と製品事故発生時の報告義務、人的・物的被害の救済に関するものがあります（図表1－2－2）。

4 ｜ 知的財産権に関する法律

　知的財産権は、その権利を持っている個人や会社などが独占排他的に利用できます。知的財産権の侵害は、差止めや損害賠償の対象になります（図表1－2－3）。

第1章 創業と会社運営に関する基礎知識　19

図表1-2-1　製品やサービスの表示に関する法律

区分	法律名	主な内容
表示禁止事項を規定している法律	景品表示法	商品・サービスの内容、取引条件についてのチラシ、パンフレット、取扱説明書、ポスター、看板、広告、TV CM、ウェブサイトなどの優良誤認表示、価格や取引条件に関する有利誤認表示などを禁止
	不正競争防止法	需要者の誤認につながる表示や虚偽・偽装表示及び著名・周知な他人の商品・営業の表示を断りなく使用することを禁止
	医薬品医療機器等法（旧薬事法）	食品について医薬品的な効能効果を広告することを禁止
表示義務を規定している法律	食品表示法	一般に流通する生鮮食品、加工食品、添加物の原材料、製造（販売）者、栄養成分等の表示を義務化
	家庭用品品質表示法	繊維製品、合成樹脂加工品、電気機械器具、雑貨工業品の品質表示（衣類の洗濯マークや組成、プラスチック容器の原料、耐熱温度など）を義務化
	特定商取引法	訪問販売や通信販売等の消費者トラブルを生じやすい取引類型における事業者名の明示、広告に対する重要事項の表示義務、虚偽・誇大表示の禁止、契約締結時の重要事項記載書面交付の義務化を規定

図表1-2-2　製品安全に関する法律

区分	法律名	主な内容
安全基準・技術適合に関する法律	電気用品安全法（PSEマーク）	電気用品製造・輸入の届出、基準適合、PSEマーク表示義務を規定。交流100V/200Vの商用電源に接続する機器等が対象
	消費生活用製品安全法（PSCマーク）	危険性の高い消費生活用品へのPSCマーク表示義務を規定。家庭用圧力鍋（釜）、ヘルメット、乳幼児用ベッド、石油給湯器等が対象
	電波法	技術基準適合の証明（「技適マーク」の表示）のない無線機を規制。電波を発する無線機（bluetoothやWireless機器など）が対象
製品事故に関する法律	PL法	製造物（動産に限る）の欠陥による使用者の人的・物的被害救済を迅速に行うために民法の損害賠償要件を「過失」から「欠陥」に変更
	消費生活用製品安全法	生命・身体への危害が発生した事故又は発生するおそれのある製品についての報告・公表制度を規定。一般市場で販売される消費者の生活で使用されるものが対象

　なお、審査登録を基本要件とする特許などの知的財産権は、権利の侵害に加えて、権利を先行取得されてしまうリスクにも注意し、必要に応じて自社の権利確保を検討しなければなりません。

図表1-2-3　知的財産権に関する法律

知的財産権の分類（目的別）	対象となる権利	保護要件
産業発達	特許権、実用新案権、意匠権、商標権（産業財産権という）	審査・登録を要件とし、権利内容の公開が前提。先願制、権利期間あり。無許可利用は認められない
文化の発展	著作権	登録不要。著作物の創作と同時に権利発生（権利期間規定あり）。一定範囲での無許可利用も認める
公正な競争秩序	営業秘密、不正競争防止法上の権利。産業財産権の訴訟に並行して利用される	経済的に有用な営業上の秘密や商品形態・表示などは権利を取得していない場合であっても、一定の要件を満たせば、それらに対する侵害行為は差止請求や損害賠償の対象になる

取引と契約における留意点

取引を行う際には、いろいろな契約が必要になると聞いています。特に、商取引についての契約においては、どのようなことに注意すればいいでしょうか。

A₁₀
Point

- *商品等を販売するには、売買基本契約書を締結することが大切です。*
- *商取引を規制する法律には、消費者契約法、特定商取引法等があります。*

1 契約書の重要性

商取引においてはもちろんのこと、事業を行う場合には、従業員を雇用するための雇用（労働）契約や、オフィスを借りるための賃貸借契約など、さまざまな「契約」が発生します。

契約書は証拠としての側面を持つものですから、一般に公開されている契約書のひな形やインターネットから入手できる契約書の書式を安易に利用せず、契約内容の実態に合わせて修正した上での利用、又は独自に実態に合ったものを作成する必要があります。

2 契約書に盛り込むべき内容

契約書の記載内容を検討するにあたり、契約の具体的内容やその履行方法、想定されるトラブル等について、具体的な文言で約定しておく必要があります。特に、次の2点に留意してください。

- 契約を履行するにあたり、将来発生しうる問題や事態を想定して、当事者間の権利義務を約定しておくこと
- 紛争が訴訟に発展した場合を考慮すること

契約目的、目的物、代金、支払方法、納期、納入場所、運賃などの経費の費用負担、期間などのほか、契約不履行があった場合の中途解約の申入れなど、契約終了を待たずに解消を求めてきた場合における当事者間の権利義務をあらかじめ約定し、訴訟になった場合の管轄裁判所なども取り決めておきます。契約については、

Q29、Q30も参照してください。

3 ┃ 商取引を規制する法律

(1) 消費者契約法

消費者を相手とする事業者の取引においては、消費者契約法により消費者保護が図られていますので、次のような点に留意します。

[適用範囲]

消費者契約法は、消費者と事業者の間のすべての契約に適用されます。

[消費者が契約を取り消すことができる場合を規定]

消費者が事業者の不適切な勧誘により、誤認・困惑して契約をした場合、消費者はその契約を取り消すことができます。

[無効な契約条項]

消費者に一方的に不当・不利益な契約条項については、その一部又は全部が無効になるとも規定されています。契約により、事業者の損害賠償責任を免除することを定めたりする場合などがこれに当たります。

消費者契約法の詳細については、Q49を参照ください。

(2) 特定商取引法

特定商取引法の対象となっている取引の類型には、以下のものがあります。

①訪問販売　　②電話勧誘販売　　③通信販売　　④特定継続的役務提供

⑤連鎖販売取引　　⑥業務提供誘引販売取引　　⑦訪問購入

法令違反に対しては、指示命令、業務停止命令といった行政処分又は罰則の適用があります。

また、行政規制とは別に、消費者が自力救済を図る制度として、クーリングオフ（契約後一定の期間、消費者側から無条件で解約することが可能な制度）があります。これに加え、①の訪問販売では、特別の事由なく、通常必要とされる分量を著しく超える契約の解除（過重販売解除）、④の特定継続的役務提供と⑤の連鎖販売取引では、クーリングオフに加えて、将来に向かった契約解除（中途解約）など、消費者による契約の解除ルールが設けられています。

特定商取引法の詳細については、Q50を参照ください。

署名と記名・押印、印章に関する知識

Q11 契約書の文末に「署名(記名・押印)」とありますが、署名と記名はどう違いますか。また、印鑑にも多くの種類がありますが、どのように使い分けるのでしょうか。

A11
Point

・署名は自署による氏名の表記のこと、記名は自署以外の手段による氏名の表記のことです。
・署名と記名押印は、同じ効果とされています。
・会社の印章には代表者印(実印)や銀行印、角印、役職印などがありますが、実印については特別厳重な管理が必要です。

1 署名と記名の違い

「署名」とは、自署、すなわち自己の名称を手書きすることを言います。筆跡鑑定により、本人確認を可能とするものです。

「記名」とは、署名以外の方法、具体的にはゴム印やパソコン、タイプライター、代筆等の手段で自己の名称を表すことです。

「記名押印」とは、記名に加えて、近傍に押印をすることです。一般的には、記名と押印はセットとして考えられています。記名はゴム印等でもいいので本人特有の痕跡は残りませんが、押印(捺印)により「印影」という痕跡が残ります。

商法32条では、「署名すべき場合は、記名押印をもって、署名に代えることができる」とされていますので、署名があれば押印は不要と解釈できますが、国内の実際の取引では、署名の場合も押印をする慣習があり、安全のため署名に加えて押印しておくのが通例です。

数は少ないですが、遺言などの場合に署名と押印の両方を求める法律条文も存在します(民法968条、969条、970条等)。

2 実印と認印(みとめいん)の違い

「実印」は公的に届け出た印章を指し、「認印」とはそれ以外の印章(銀行印、角

印、役職印など）を指します。見た目は立派な印鑑でも、登録のないものは実印とは言わず、逆に三文判でも登録すると実印になります。しかし、偽造等の可能性を考えると、三文判を実印として使用することは、おすすめできません。

また、実印と認印は法令で定められている場合を除き、法的効力に差はありません。つまり、認印でも本人が押したものであることを証明できれば、本人に効力が及びます。本人が押したかどうかにつき紛争になった場合は、認印に比べて実印の証明力が強いのは言うまでもありません。

実印には、個人の実印と法人の実印があります。個人の実印は、住民登録のある市区町村に届け出ることによって登録され、「印鑑登録証明書」を受けることができます。法人の場合は、会社設立時、本店所在地の法務局（登記所）に代表者印を会社の実印として届け出なければなりません。この届出がなされていると、登記所発行の「印鑑証明書」を受けることができます。

通常の文書などでは認印で事足りることも多いので、実印は必要な書類のみに使用し、不用意に捨て印は押さないように注意してください。悪用された場合には、本人が押したものと推定されてしまうからです。

3 ｜ 会社で使用する印章の種類

①**代表者印**：会社の実印で、会社名と肩書の入った印章です。官公庁への届出など、重要度の高い書類に押印します。会社の意思決定を表すものですので、取扱いと管理には細心の注意を要します。経営者本人の管理又は同等の管理方法をとるべきです。

②**銀行印**：銀行と反復継続する取引をする場合、本人確認の手段として印影を届け出る必要があり、そのときに使用するのが銀行印です。

③**角印**：社印、社判、会社印などと呼ばれる社名だけの四角い印章です。認印としての役割であり、重要度の高い書類では一般的には使いません。

④**代表者の常用印（法人認印）**：代表取締役が日常の取引（契約）文書や事務文書に使う認印です。実印ではありませんが、管理には慎重を要します。

⑤**役職者の印鑑**：役職名入りの印章で、主に注文書や社内の決裁などの押印に使用されます。

（注）　一般的に、ハンコのことを「印鑑」と呼ぶことがありますが、正しくは「印章」と言わなければなりません。詳しくは、次ページのコラムを参照してください。

コラム 「印鑑」と「印影」にまつわるあれこれ

印鑑に関しては、時と場合によっていろいろな呼び方がされます。「印章」が正式な呼び名ですが、「ハンコ」や「印」、「判」、「印判」、「印鑑」とも呼ばれます。なお、「印鑑」とは、本来は「あらかじめ地方自治体や銀行、その他取引先に提出しておく特定の印影（印章の跡）のこと」（大辞林）とされています。

印影の種類には、以下のようなものがあります。

印影の種類と呼び方

種類	読み方	説　　明	
契印	けいいん	①文書の綴り目に両ページにまたがって押印する印影のこと。 ②文書の一部の抜取りや差替えなどが防止できる。 ③袋とじの場合は、裏表紙と帯にまたがって1ヵ所押印すれば足りる。	
訂正印	ていせいいん	①文章の字句を訂正する際に押印する印影。 ②文章の署名部分に押印した印章と同じ印章を使い、署名者が複数いるときは全員の押印が必要となる。	
捨て印	すていん	①後日の文書内容の訂正に備えて、あらかじめ欄外に、文書部分に押印した印章と同じ印章を使って押印しておくもの。 ②訂正印は訂正の際に押すものであるが、これはその事前版といえる。 ③捨て印は危険であり、乱用は慎むべき。	
止め印	とめいん	①文章の終了を示すために文書末尾に押印する印影だが、あまり使われない。 ②止め印と同じ意味合いで、「以下余白」などと記入することも多い。	
消印	けしいん	①収入印紙の再使用を防ぐために印紙と台紙にまたがって押印する印影。 ②通常、文書の署名部分に押印した印章と同じものを使うが、署名でも代用可。 ③郵便切手、はがき、証紙などの場合で「使用済み」を表す。	
割印	わりいん	①2通以上の独立した文書がある際にその文書が同一であることや関連があることを示すため、それらの文書にまたがって押印する印影。 ②文書間の関連性を示すだけで、文書の意味内容には無関係のため、割印は必ずしも文書の署名部分に押印した印章と同じでなくてもいい。	
拇印	ぽいん	①指先に朱肉などを付けて、書類に指紋を残すことをいう。 ②一般的には親指を用いるが、人差指を用いることも多く、指印とも呼ばれる。	拇印や書き判は法的効力があると判断されることもあるが、手形や小切手の振出しでは認められず、署名（記名押印）としての法的効力はないとされている。
書き判	かきばん	姓や名前などを手書きし、まわりを丸く囲んで印鑑の形をさせたサインをいう。	

税金について最低限知っておくべきこと

Q12 事業を行う上では、どのような税金が課されるのでしょうか。また、税務処理をどのような形で税理士にお願いすればいいのか教えてください。

A12
Point

・会社勤務を始めた場合と違い、創業した際には、日々の経理から決算を行い、利益を確定し、納付すべき税金を計算する行為が必要となります。
・税金は国税と地方税に分けられ、個人事業主か法人かによって税金の種類が異なります。

1 事業者が負担する税金の種類

　個人事業主又は法人が負担する税金は、国税（国に納める税金）と地方税（地方自治体に納める税金。都道府県税と市町村税がある）に分かれます。
　事業所得（利益）にかかる税金の種類は、個人事業と法人事業で異なります（図表1－2－4、1－2－5）。

図表1－2－4　法人にかかる税金

種類		税金の概要	申告手続等
国税	法人税	所得金額に応じてかかる。	原則として、決算日の翌日から2ヵ月以内に本店所在地の税務署に申告（確定申告）する。
	地方法人税	各課税事業年度の基準法人税額の4.4％が、地方法人税（国税）として課税される。	法人税の申告書に併記して所在地の税務署に申告する。
地方税	法人住民税 ①都道府県民税 ②市町村民税	次の二つからなっている。 ①会社の区分（事業規模）に応じてかかる均等割 ②当期の法人税額に応じてかかる法人税割	申告期限は法人税と同じ。事業所等のある都道府県及び市町村に申告する。
	法人事業税	所得金額に応じてかかる。	
その他	地方法人特別税（国税）	法人事業税の一部を分離し、都道府県が徴収の上、国に払い込み、都道府県に再配付する。	

図表1−2−5　個人事業主にかかる税金

	種　類	税金の概要	申告手続等
国税	所得税	所得金額に応じてかかる。	翌年2月16日〜3月15日に税務署に申告（確定申告）する。
地方税	個人住民税 ①都道府県民税 ②市町村民税	次の二つからなっている。 ①均等額でかかる均等割 ②前年の所得に応じてかかる所得割	所得税の確定申告をすれば、特に申告の手続は必要ない。
	個人事業税	所得金額に応じてかかる。	

2 ┃ 法人税

　法人税は、法人の事業年度の所得に対して課される税金です。申告期限及び納期限は、事業年度終了の日の翌日から2ヵ月以内です。法人が青色申告の申請をした場合は、赤字（欠損金）を翌年以降9年間（2018年4月1日以後に開始する事業年度において生じる欠損金については10年間）繰り越すことができます。

3 ┃ 所得税

　所得税は、個人が得た所得（収入等）に対して課される税金です。1月1日から12月31日までの1年間に得た所得に対して課税されます。

　なお、個人事業主の場合も、青色申告を選択すれば特典を受けられます。**図表1−2−6**に、個人事業主の場合の青色申告と白色申告（青色申告を選ばなかった場合）の違いをまとめました。

図表1−2−6　白色申告と青色申告の違い（所得税：個人事業主の場合）

	白色申告	青色申告（10万控除）	青色申告（65万控除）
届出	不要	青色申告承認申請書を提出	青色申告承認申請書を提出
記帳の仕方	単式簿記の記帳	単式簿記の記帳	・複式簿記の記帳 ・貸借対照表の提出 ・損益計算書の提出
申告期限	3月15日以降も可	3月15日以降も可	3月15日厳守
特典	なし	・青色申告特別控除10万円 ・青色専従者給与 ・赤字の3年繰越し など	・青色申告特別控除65万円 ・青色専従者給与 ・赤字の3年繰越し など

4 ┃ 消費税

　ここまで説明した税金は事業者が負担するものですが、消費税は、消費一般に広く公平に課税する間接税です。ただし、申告・納税義務は事業者等にあります。個人事業主か法人かによる手続の違いはありません。原則として、個人事業主であればその年の前々年、法人についてはその事業年度の前々事業年度を基準期間と言い、この期間の課税売上高が1,000万円を超えた場合には課税事業者となります。したがって、前々年又は前々事業年度に収入のない創業年度は、基本的に免税事業者となります。

　消費税は事業者に負担を求めるものではありません。税金分は事業者が販売する商品やサービスの価格に含まれて次々と転嫁されていきますので、最終的に商品を消費し又はサービスの提供を受けた消費者が負担することとなります。原則として、申告期限（法人税、所得税と同時期）までに消費税及び地方消費税の確定申告書を提出し、消費税と地方消費税をあわせて納付します。

5 ┃ 税理士への業務委託

　税理士と顧問契約を結ぶことで、税務申告に加えて会計全般のアドバイスをもらうこともできます。また、記帳代行業務を委託することも可能です。

　一方で、自社のお金の流れを把握する力を身につけるには、日々の取引の記帳や月次決算を自らの手で行うことも大切です。最近は、会計ソフトやクラウドサービスを使うことで、比較的手間のかからない記帳・入力も可能になっています。自社で月次決算を行い、税理士には税務申告をお願いするという選択肢も増えてきているようです。

　そうした場合でも、事業が拡大していく中で税務に関する専門的なアドバイスが必要になる場合は、税理士と顧問契約を結んで、より総合的なアドバイスを求めることをおすすめします。

内部不正防止のために心掛けるべきこと

知り合いの会社で、営業社員が集金したお金を横領する事件が発生しました。当社も、こうした不正への予防策を講じたいと思いますので、法律的なアドバイスをお願いします。

A_{13}
Point

・内部不正防止については「罪人をつくらず」の考え方で、経営課題の一つとして、従業員が安心して働ける仕組みを整備しておくことが大切です。
・多忙、人手不足、管理者不在など、環境に起因して、不正に対する抑止力や心理的抵抗が弱くなった状態は危険です。

中小企業においても、内部不正は経営における脅威の一つと認識して、次のような施策に真摯に取り組む必要があります。

1 従業員の不正防止に関する基本事項

内部不正を防止するポイントは、悪事を取り締まることではなく悪事ができないような環境をつくることと、まじめに働く者が誤解を受けることなく安心して業務に集中できるルールを整備することです。これは、「罪人をつくらず」とも言われることで、内部統制における重要な概念の一つです。

このような環境をつくるための第一歩は、就業規則の整備です。労働者が10人未満の事業所には法的な義務付けはありませんが、内部統制の観点ばかりでなく、万一の場合の不正処罰のための拠りどころになりますので、定めておくメリットは大きいでしょう。就業規則の詳細については、Q73を参照してください。

2 不正の発生パターンを知る

内部不正が発生する典型的なパターンを、図表1－2－7にまとめてみました。個人利得のための不正だけではなく、企業利得のための不正行為も含めています。内部不正の防止には、不正の要因を察知し、できるだけシンプルで実行しやすく抑止効果の高いルールをつくることが有効です。そうしたルールで管理するポイントを、図表1－2－8に示しました。

第1章　創業と会社運営に関する基礎知識　29

図表1−2−7　内部不正が発生するパターン（内部不正の端緒）

個人利得	会社資産・情報の横流し（商品、備品、顧客情報、営業秘密など）
	現金・小切手の着服、経理帳簿類の操作
	取引先との共謀による偽装・水増し取引、賄賂の要求・強要
	水増し支払い（内部出金、外部支払い）、不正請求（請求書偽造など）
	受注〜納品〜請求〜集金〜入金の不正処理
	整番購入の悪用（私用品購入）
会社利得	売上・利益実績の水増し
	規制・規格に対する適合の偽装
	届出上の不正（データ・試験結果のねつ造）

図表1−2−8　内部不正防止のための管理ポイント

担当と確認・承認者の分離（ダブルチェック）
・清算や現金出納、対外的な発注、請求、集金、報告書などにおける起票担当、確認・承認者の分離 ・出庫、現金出納、記帳、集金・預金等、日常作業のダブルチェック制度化
アクセス制限
・実印や金銭、商品倉庫、顧客名簿など重要な会社資産への施錠やアクセス制限
報告、連絡、相談のルール化
・判断基準が不明確又は微妙な業務対応を個人的な判断で行わせない
ルールの実効性の検証
・ルールの継続的な見直しにより実効性を確保する

3 不正防止の基本的な施策

　内部不正防止の仕組みは、不祥事が起きてから事後対策として整備するのではなく、問題が発生することを前提に、前もって構築しておくことが大切です。社員の行動を監視・拘束するためではなく、日常の業務遂行上、不要な負担を感じずに働いてもらうためにも、シンプルで覚えやすい行動ルールをつくるという考え方です。

　業務が特定の社員に集中していたり、長年同じ人に任せ切りであったりする状況は危険です。経営者がルールに無頓着で業務に忙しく飛び回っているような場合や目の行き届かない営業拠点なども、ちょっとしたきっかけで従業員同士や事後承認、自己承認などでの物品購入や契約の締結などが発生する可能性があります。このように、環境的に不正に対する抑止力が弱く、心理的負担が低くなった状況が内部不正の温床になりがちです。

　以上のことから、内部不正防止のポイントは、①環境的な抑止力の確保と、②不正行為に対する心理的負担感にあることがわかります。まずは、以上の2点について、具体的な形でルール化又はシステム化をしてください。

マイカー通勤のリスクと対策

当社では、多くの従業員がマイカー通勤をしています。マイカー通勤にはどのようなリスクがあり、どのような対策をとるべきでしょうか。

A_{14}
Point

- マイカー通勤途中の事故は、原則的には会社は使用者責任を負いませんが、通勤途中の顧客立寄りなど、業務とみなされれば責任を負う場合もあります。
- 会社としては、万一のリスクに備えるため、規程の整備が必要です。

　従業員の希望により、自宅と職場の行き帰りにマイカーを利用している場合、その途中の事故について会社が使用者責任を負う可能性は低いと言えますが、過労運転や飲酒運転など、会社の責任が問われるリスクがゼロとは言えません。また、注意すべきこともいくつかありますので、ここで説明します。
　なお、労災については、通勤途上災害ということで認定されます。

1 注意したいマイカーの業務利用

　マイカー通勤途中の事故で会社が使用者責任を問われる可能性は低いとしても、マイカーを営業等の業務に利用した場合は話が違ってきます。この場合、マイカーの運転者である従業員が損害賠償責任を負うのはもちろんですが、会社も民法715条の使用者責任を問われる可能性があり、経営上は大きなリスクがあります。
　もちろん、対象事故に対する損害保険が付保されていれば、その範囲で保険会社が補償金を支払ってくれますので、少なくとも金銭面でのリスクはありません。しかし、その補償が確実でない限り、マイカーの業務利用は会社にとってリスクになります。
　「当社は業務にマイカーを使用させていないから大丈夫」という方もいるかもしれませんが、実はここにも落とし穴があります。それは、通勤途中に顧客店舗に立ち寄るなどの場合です。例えば、帰路の途中に位置する顧客に急ぎの商品を配達してから帰宅するなどの場合です。
　帰宅途中の顧客立寄りなどは、会社と顧客の間の移動は「通勤」ではなく「業務

第1章　創業と会社運営に関する基礎知識　　31

上の移動」になり、業務の一環とみなされます。このような状況下での事故は業務
上の事故であり、前述した使用者責任を問われる可能性があります。

　また、業務上の過労による事故や、職場の飲み会などの帰宅途中の事故なども、
業務とは別に使用者責任を問われる可能性を否定できません。

2 ｜ マイカー通勤規程(注)の整備

　マイカーを業務に使用することは禁止するのが、会社としてまず行うべきことで
す。その上で、前述したような万一の場合に備え、マイカー通勤規程を整備して、
従業員にマイカー通勤を認めるための条件を伝え、会社が適切な管理をしていたこ
とを明確にしておくことがポイントです。

　マイカー通勤規程は、マイカーの保険内容や車両の整備など、基本的には個人の
問題に対して、会社として最低ラインを強制する上での拠りどころにもなります。

　マイカー通勤規程には、以下のような内容を盛り込みます。

・通勤利用の条件として、責任の所在に関する会社の立場を明確にする（責任は
　個人が負うものであり、会社が負うものではない等）。
・マイカーの業務利用を原則禁止にするとともに、業務上の通勤途中の立寄りな
　どがある場合は、例外規定を設けて事前承認制にする。
・マイカー通勤の許可基準として、対象車種の届出に加え、強制保険や会社の設
　定した賠償基準（対人・対物補償）を満たした任意保険への加入、運転免許証
　が有効であることの確認を許可条件にするとともに、更新、変更届についても、
　あわせて規定します。
・過労運転や飲酒運転の禁止や事故報告の義務付けなどを明記する。

(注)　「規程」と「規定」は、次のように使い分けます。特定の目的のために定められ
　　　た一連の条項の集まり（総体）のことを「規程」と言い、その中のそれぞれの条
　　　項を「規定」と言います。例えば、文書管理規程は、文書の管理に関する各種規
　　　定をまとめた文書であり、出張規程は、主張に関する各種規定をまとめた文書と
　　　いうことです。

1.3 想定されるトラブルへの対応方法

内容証明郵便の利用

> *Q 15* 売掛金が支払期日になっても支払われません。内容証明郵便は有効な督促手段の一つだと聞きましたが、これはどのようなものでしょうか。

A 15

Point

- *内容証明郵便とは、「誰が」、「誰に」、「いつ」、「どんな」内容の手紙を出したかを、郵便局（日本郵便株式会社）が証明してくれる郵便制度のことを言います。*
- *内容証明郵便には、①証拠力を得る効果、②心理的圧力を加える効果、③確定日付を得る効果、などがあります。*

1 | 内容証明郵便とは

　「内容証明郵便」とは、「誰が」、「誰に」、「いつ」、「どんな」内容の手紙を出したのかを、日本郵便株式会社（以下「郵便局」）が公的に証明してくれる郵便制度です。①手紙を出したこと、②手紙を出した日付、③手紙の内容、を郵便局が証明してくれます。その内容の手紙を送ったという事実の証明であり、書いてある内容が正しいことを証明するものではありません。

　これに対して、「配達証明郵便」というものがあります。こちらは、相手に何月何日に配達したのかを、手紙の差出人に証明してくれるものです。①相手が手紙を受け取ったこと、②手紙を受け取った日付、を郵便局が証明してくれます。内容証明郵便では、相手に手紙が到達したことを証明することはできませんので、重要文書は、配達証明付の内容証明郵便とするのが望ましいでしょう。

2 | 内容証明郵便の効果

(1) 証拠力を得る効果

　法的な効果が発生する重要な意思表示や通知の証拠を残したい場合に、内容証明郵便が利用されます。

第1章　創業と会社運営に関する基礎知識　33

⑵　心理的圧力を加える効果

　内容証明郵便は、郵便局が手紙の内容を証明してくれるだけなので、法的な強制力がありません。しかし、受け取った相手にとって、「これに対応しないと、訴えられるかもしれない」といった心理的なプレッシャーがかかります。これにより、相手は行動を起こさざるを得なくなる場合があります。ご質問のような売掛金回収が難しくなっているような場合、交渉の第一段階として、このような効果を期待して内容証明郵便を利用することを考えてもいいでしょう。

⑶　確定日付を得る効果

　債権譲渡の通知など、対抗要件として必要な確定日付を得る効果があります。

3 ｜ 内容証明郵便のつくり方

　内容証明郵便のつくり方は、法令（郵便法・郵便約款）で決まっています。主な内容は、以下の通りです。

　①1枚の用紙に520字以内で、1行当たり20字以内、26行以内（横書きの場合は、26字×20行、13字×40行も可）とする。

　②同文の手紙を3通作成する。

　訂正する場合は、訂正方法が細かく決まっているので、手書きの場合はそれに従う必要があります。パソコンで作成した場合は、パソコン上で訂正して印刷し直すことをおすすめします。

　内容証明郵便は、すべての郵便局から出せるわけではありません。原則として、集配（配達を行う）郵便局だけです。依頼には、同文の手紙3通、封筒、印鑑が必要です。料金は、図表1－3－1の通りです。

　最近は、インターネットを利用して、内容証明郵便を24時間受け付ける「e内容証明」（電子内容証明）というサービスもあります。詳しくは、郵便局のホームページを参照してください。

図表1－3－1　内容証明郵便にかかる料金

料金項目	料　金
通常郵便物の料金	82円（定型25グラムまで）
内容証明料	430円（手紙文1枚の場合） ＊2枚目以降は、1枚ごとに260円増し
書留料	430円
配達証明料	310円（任意）
速達料	280円（任意）

トラブル対応手段としての調停

Q16　内容証明郵便で債権の支払いを督促しても、相手の会社が応じません。こうした場合、当社はどのような手段がとれるでしょうか。

A16
Point

- 内容証明郵便の効果がない場合、次の手段として調停があります。
- 調停は、裁判官の判断で決まる裁判と異なり、当事者の意思で決まります。
- 調停には、①成立すれば確定判決と同じ効果がある、②手続が簡単、③費用が安い、というメリットがありますが、不成立になるリスクもあります。

1 | 調停とは

「調停」の種類には、大きく分けて、主に家庭内や親族内のトラブルを扱う「家事調停」と、主に他人間でのトラブル等を扱う「民事調停」の二つがあります。また、民事調停には、お金を貸した債権者と、お金を借りた債務者が利用する「特定調停」というものもあります。特定調停は、返済ができない又は返済ができなくなるおそれのある債務者が、債権者と話し合い、生活を立て直していくことを目的とします。家事調停の管轄は家庭裁判所、民事調停の管轄は簡易裁判所又は地方裁判所になります。

調停は、裁判のように勝ち負けを決めるのではなく、話し合いによりお互いが合意することで紛争の解決を図る手続です。調停手続では、一般市民から選ばれた調停委員が、裁判官とともに紛争の解決に当たります。調停が成立すれば、確定判決と同じ強い効果が得られます。

2 | 民事調停の特徴

民事調停の特徴として、以下のようなことがあげられます。

(1) 手続が簡単

申立てをするのに特別の法律知識は必要ありません。申立用紙とその記入方法を説明したものが、簡易裁判所の窓口に備え付けてあります。終了までの手続も簡易

第1章　創業と会社運営に関する基礎知識　35

なので、自分で申し立てることも可能です。

⑵　円満な解決ができる

中立的な第三者が交互に話を聞いて調整してくれるので、相手方と直接話をする必要がなく、実情に合った円満な解決ができる可能性があります。

⑶　費用が低額

裁判所に納める手数料が、訴訟に比べて低額ですみます。例えば、10万円の貸金の返済を求める手数料は、訴訟では1,000円、調停では500円です。また、郵便切手等の予納の額も異なります。

⑷　秘密が守られる

調停は非公開の席で行われますので、第三者に知られたくない場合にも、安心して事情を話すことができます。

⑸　早期解決が可能

調停では、ポイントを絞った話し合いをしますので、解決までの時間は比較的短くてすみます。通常、調停が成立するまでには2、3回の調停期日（調停の話し合い）が開かれ、おおむね3ヵ月以内に調停が成立するなどして事件が解決し、終了しています（「裁判所」ホームページ）。

3 ┃ 民事調停で取り扱う事件

民事調停は、民事トラブル、つまり金銭の貸借や物の売買をめぐる紛争、交通事故をめぐる紛争、借地借家をめぐる紛争等を扱います。

また、前述したように、借金をしている人等がこのままでは支払いを続けていくことが難しい場合、生活の再生等を図るために債権者と返済方法を話し合う手続として、特定調停があります。

4 ┃ 調停のデメリット

調停で最大のデメリットと言えるのが、相手が欠席すると何も進まない点です。裁判所の呼出しに応じないことに対し過料という制裁もありますが、実行されずに欠席が許されてしまう現実もあり、強制的に出席させることはできません。したがって、相手が話し合いに応じないことも想定し、次の段階（訴訟）を見据えた対応も必要となる場合があります。

知的財産権侵害への対抗措置（差止請求）

当社は、お土産品の菓子の製造・販売をしています。商標権登録済のブランドネームを、他社が無断で使用していることがわかりました。対抗手段はあるでしょうか。

A17
Point

・*差止請求権とは*、他人の違法な行為により自己の利益を*侵害されたり、侵害されたりするおそれのある者*が、その行為の差止めを請求する権利です。
・*知的財産権法*では、*差止請求権が規定されています*。

1 差止請求とは

　知的財産権を侵害された場合にとりうる手段の一つに、「差止請求」があります。差止請求は、現在又は将来の知的財産権の侵害を迅速に停止させることができる、非常に有効な手段です。

2 知的財産権を侵害されたときにすべきこと

　ご質問のような場合、最初にすべきことは、相手の実施していることが自己の知的財産権の侵害になるかどうかの判断です。特許なら技術的範囲に入るかどうか、商標権なら同一又は類似の指定商品・指定役務についての同一又は類似の商標の使用にあたるかどうかを、訴訟提起前にしっかり調べなければなりません。特に実用新案権に関しては、無審査で登録されることから、訴訟提起前に実用新案技術評価書（特許庁がその実用新案の有効性についての見解を示したもの）を提示することが義務付けられています。

　調査の結果、やはり知的財産権の侵害だと判断した場合には、まず相手に警告をしましょう。現在も相手が知的財産権の侵害品をつくっているのなら、それをやめさせる方が効果的ですから、まずは差止請求をすることが得策です。

　差止請求は、知的財産権が侵害されているときに、その侵害行為をやめさせることができる有効な手段です。参考として、最も身近な知的財産である商標について実際の条文を掲載しておきます。

第1章　創業と会社運営に関する基礎知識　　37

●商標法
第36条（差止請求権）

　　商標権者又は専用使用権者は、自己の商標権又は専用使用権を侵害する者又は侵害するおそれがある者に対し、その侵害の停止又は予防を請求することができる。

2　商標権者又は専用使用権者は、前項の規定による請求をするに際し、侵害の行為を組成した物の廃棄、侵害の行為に供した設備の除却その他の侵害の予防に必要な行為を請求することができる。

　差止請求が認められれば、現在から将来にわたっての侵害行為を止めることができます。特に、日本では、知的財産権を侵害されたときの損害賠償額が低いことから、知的財産権の侵害行為を発見した場合、差止請求は最初に検討すべき手段です。

3 │ 差止請求にあたっての留意点

　特許権は独占権だけではなく、排他権でもありますから、自分が実施していない場合でも、他人が特許発明を実施することの差止めを請求できます。ただし、一定要件下で実施許諾の協議を求められたり、先に実施している場合には相手方に先使用権が認められたりすることもあります。、また、相手方は、特許の無効審判等を提起することもできます。

　商標権についても、3年以上使用をしていない場合には、取消審判の対象となり、取消しを求められる場合もあります。

4 │ 不正競争防止法

　営業秘密である技術情報を用いて商品が製作されるおそれがある場合、その商品の部品又は設備の廃棄などを請求できます。また、営業上の利益の侵害をやめさせるために、販売行為の停止を求めることもできます。

5 │ 本事例における対応策

　ご質問の事例については、登録済商標権（ブランドネーム）と他社が無断使用している商品が同区分であれば差止請求は可能であると考えられますので、専門家に相談することをおすすめします。

損害賠償についての基礎知識

Q18 当社が商標登録しているブランドネームに酷似した商品名を使っている競合他社に、差止請求を行う予定です。同時に、損害賠償請求もできるでしょうか。

A18

Point

・損害賠償の基本的な考え方は、民法に規定されています。
・損害賠償の前提として、少なくとも過失がなければならず、不可抗力による損害の場合は対象になりません。
・実損を填補するのが損害賠償であり、行為と結果との間に相当因果関係がなければ認められません。

1 損害賠償の考え方

「損害賠償」についての基本的な考え方は、民法に規定されています。それによると、まず損害賠償の前提として少なくとも「過失」がなければなりません。わざとやった行為（故意）は当然含まれますが、図らずも不注意でやってしまった行為（過失）により与えた損害でなければ、賠償をする必要がないのが原則です。言い換えると、「不可抗力」による場合は含まれないということです。例えば、まったく予測不可能な天変地異が原因で債務不履行が発生したとしても、原則として、賠償責任がないことになります。納品予定の商品をしっかり管理していたにもかかわらず、避けられない豪雨で冠水してしまい、予定通り納品できなくなったなどというケースは、これに該当する可能性があります。

次に、基本的には「実損を填補」するのが損害賠償の趣旨ですから、実際に被った損害を賠償すれば足ります。欧米などでは、懲罰的損害賠償といって、実損が生じたかどうかはともかくとして、そのような行為をしたこと自体を問題視して、罰金的な損害賠償金を認める考え方があります。しかし、日本の法制度では、懲罰的な損害賠償はまだ認められておらず、実損が発生した場合に、あくまでもその実損の範囲内で賠償するのが原則となっています。

最後に、行為と結果の間に「相当因果関係」がなくてはなりません。自分の行為

によって相手が損害を被ることが、一般的に考えて「相当」であるかどうかというフィルターをかけます。例えば、ある人が不注意で交通事故を起こして人を死なせてしまったとします。この行為がなければ人が死ぬ結果にはならなかったわけですから、当然その人は損害賠償責任を負います。では、その人の母親はどうでしょうか。その人が成人している限り、母親自体には責任はないとするのが常識です。単なる条件関係だけから、「母親がその人を生まなければ、その事故は起こらなかった」として、母親にまで責任を負わせようとは考えないのが社会通念かと思われます。

やや極端な例でしたが、このように行為と結果との間に相当因果関係が存在することが、損害賠償の根拠の一つになるのです。

2 ┃ 一般的な損害賠償

実際に負わされる一般的な損害賠償の中身は、原則として金銭になります。金銭以外のものを、損害賠償の対象として求めることはできません。例えば、何か不始末をしたときに、「誠意を見せろ」と言われることがあります。人情的にはわからなくもないですが、「土下座して謝れ」、「まったく同じものを用意しろ」、「俺の時間を返せ」などという要求があったとしても、法的には応じる必要がないことになります。

では、精神的ダメージに対する賠償はどうしたらいいのでしょうか。こういった精神的損害についても、損害の類型による相場が裁判例などで集積されており、この相場に従って、やはり金銭で賠償することになります。これが、「慰謝料」と言われるものです。

3 ┃ 知的財産権侵害の損害賠償

ご質問の商標権侵害の場合の損害賠償については、商標法に損害額の推定に関する規定があります。無断で商標を使って得た利益をもって、本来の商標権者が受けた損害の額と推定するという規定です。これに沿って損害を推定し、賠償請求を行うことができます。

知的財産権法などにも、基本的に同様の被害額推定の規定があります。これを基礎知識として、専門家に相談することをおすすめします。

公証役場とは

Q19 公証役場は、どのような役割を果たしているのでしょうか。遺言書に関連することは知っていますが、ビジネス上の役割なども教えてください。

A19
Point

- 公証役場は、法務省に属する国の機関で、法務局の管轄になります。
- 公証人の主な仕事には、①公正証書の作成、②私署証書や会社等の定款に対する認証の付与、③私署証書に対する確定日付の付与、の三つがあります。

1 法務局と公証役場

「公証役場」は、法務局が所管し法務省に属する国の機関です。法務局は法務省の出先機関で、法務省の職務のうち、登記・戸籍・国籍・供託・公証などを扱っており、公証役場も所管しています。

公証役場は、全国に約300ヵ所あり、「役場」という言葉から、市役所内にあると勘違いされやすいのですが、そうではありません。最寄りの公証役場の所在地は、日本公証人連合会のホームページ等で探すことができます。

公証役場には、「公証人」という公文書の作成を行う権限のある役人が必ず1名以上配置されています。そして、公証役場の業務量に応じて、「書記」という事務員が1名から複数人配置されています。

2 公証人の仕事

公証人は、法務省の地方支分部局である法務局又は地方法務局に所属し、法務大臣が指定する所属法務局の管轄区域内に公証役場を設置して事務を行います。

公証人の仕事は、大きく分けて、公正証書の作成、私署証書や会社等の定款に対する認証の付与、私署証書に対する確定日付の付与、の三つです。

(1) 公正証書の作成

公正証書には、遺言公正証書、任意後見契約公正証書、金銭の貸借に関する契約や土地・建物などの賃貸借に関する公正証書、離婚に伴う慰謝料・養育費の支払いに関する公正証書などがあります。公正証書は、公証人が作成する公文書ですから高い証明力がある上、強制力を持っています。債務者が金銭債務の支払いを怠ると、公正証書中の記載が一定の条件（認諾文言入り）を満たしている場合には、裁判所の判決などを待たないで、直ちに強制執行手続に移ることができます。

また、例えば遺言公正証書を作成する場合、どこの公証役場に行って作成しても構いません。ただし、公証人には管轄が決められていますので、病気等で遺言者自身が公証役場まで行けず、公証人に出張してもらう場合には、管轄内の公証役場にいる公証人に来てもらう必要があります。

(2) 認証

「認証」とは、私人が作成した文書について、文書の成立及び作成人の正当性を証明するものです。株式会社などの定款については、公証人の認証が法的要件になっています。株式会社の定款認証手数料は5万円ですが、これに加えて定款に貼る収入印紙代4万円がかかります。

なお、電子署名を利用する電磁的記録による定款の作成も認められ、その場合は収入印紙代4万円が不要となります。このような認証が必要とされるのは、定款の作成についてその内容の明確さを確保し、後日の紛争や不正行為を防止するためです。

(3) 確定日付の付与

「確定日付」とは、変更のできない確定した日付のことであり、その日にその証書（文書）が存在していたことを証明するものです。

ここで、債権譲渡に関するケーススタディをしてみましょう。AのBに対する債権をAがCとDに二重譲渡したケースで、まずはCへの譲渡につき確定日付のない通知がBに到達し、その後、Dへの譲渡につき確定日付のある通知が到達したとき、CとDのどちらが優先されるでしょうか。この場合は、「D」が正解です。債権の二重譲渡については、確定日付があるものが優先されるからです。

作成日が問題となる重要書類について確定日付の付与を受けておくと、後日の裁判で有効な証拠となります。

各士業の得意分野と相談の仕方

Q20 税理士、会計士、弁護士、司法書士、中小企業診断士など、士業と呼ばれる人たちには、どのような場合に、どのような問題を相談したらいいのでしょうか。

A20
Point

・法務局については司法書士、税務署については税理士等、行政官庁に対して請求代理権を持つ士業があります。
・請求代理権を持たない士業には、企業コンサルタント系の中小企業診断士等があります。

1 │ 各士業の専門分野

　企業は、行政官庁による規制を遵守しながら企業活動を行っていくことになります。その中で、各行政官庁に対して代理権を持つ士業を利用する場合があります。

　例えば、法人登記等に関する法務局や公証役場には、主に司法書士が企業の代理人として請求業務等を行います。同様に、税務関係では税理士・会計士、社会保険関係では社会保険労務士、裁判関係では弁護士、知的財産関係では弁理士、警察・消防の届出書類等の関係では行政書士が、専門家として企業活動を支援します（図表1－3－2）。

図表1－3－2　行政官庁と士業の専門分野

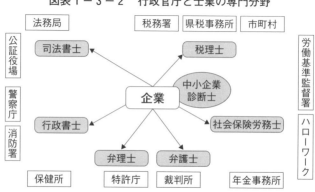

2 | 各士業の専門家へ相談するには

　一般的に、企業は、その事業の発展段階（創業期・成長期・成熟期・衰退期）によって経営課題が異なりますので、各企業の課題分野に応じた専門家に相談することになります（図表1-3-3）。

図表1-3-3　各士業の業務内容と問合せ先

士業名	業務内容（特徴）	協会等	問合せ先等
弁護士	契約書や規約文の作成、コンプライアンスなどのリスク管理、訴訟などへの対応、事業活動上の法律側面のアドバイス	・日本弁護士連合会 ・弁護士会（都道府県等）	中小企業のためのほっとダイヤル 全国共通 0570-001-240 Web申込もあり
弁理士	特許、実用新案、商標、意匠などの知的財産の申請、知的資産の活用、産業財産権などの問題に対する助言	・日本弁理士会 ・地域支部（ブロック別） ・窓口責任者（都道府県別）	常設知的財産相談室（各支部に無料予約ダイヤル設置）
税理士	法人登記、決算書の作成、税務申告など ・税金の申告、申請の代理、税務書類作成 ・税に関する不服審査手続等 ・税務調査の立ち会い	・日本税理士連合会 ・税理士会（全国15ヵ所）	税理士会ホームページで税理士検索ができる。依頼している税理士がいなければ各地の税理士会で税相談が受けられる（無料）
公認会計士	上場企業の適正運営を第三者の立場で監査（独占業務）。中小企業支援も行っている。登録により税理士としても活動	・日本公認会計士協会 ・地域会（全国16ヵ所）	経営革新等支援機関として認定された会員名簿をホームページで検索できる
社会保険労務士	社会保険の手続や、就業規則の作成、労務や年金などのアドバイス。労働争議の民事訴訟では裁判所での陳述ができる	・全国社会保険労務士連合会 ・社会保険労務士会（都道府県）	総合労働相談所・労働紛争解決センター（労使共通）0570-064-749→最寄りの社会保険労務士会につなぐ
行政書士	官公署への提出書類、権利義務・事実証明に関する書類の作成、公的融資や助成金に関するアドバイス、定款作成、申請代行	・日本行政書士連合会 ・行政書士会（都道府県）	日本行政書士連合会ホームページで行政書士の検索が可能
司法書士	登記や法律に関する事務。不動産・金融関連の業務と親和性が高く、不動産登記や抵当権設定などの業務を行う	・日本司法書士連合会 ・司法書士会（全国50ヵ所）	各県に司法書士総合相談センターがある。ホームページで司法書士検索が可能
中小企業診断士	中小企業の経営課題を診断し、助言を行う。補助金・助成金獲得支援、従業員や管理職の教育、事業計画の策定支援、経営革新支援など業務の幅は広く、各士業との連携にも積極的	・中小企業診断協会 ・47県協会（各都道府県）	各都道府県診断士会又は全国の中小企業支援センター、よろず支援拠点、商工団体などの専門家派遣制度を利用

　前述したように、法律で定められた代理権のニーズに対しては、それぞれ資格のある士業がサポートにあたる必要がありますが、多くの企業を横断的に見ている経験豊かな専門家は、経営コンサルタントとしての能力も持っている場合があります。事業計画や経営革新など、経営全般には中小企業診断士が専門性を発揮します。社会保険労務士には人事・労務を中心とした相談ができますし、税理士からは税務や金融に関連した経営アドバイスを得られます。

　これらの専門家へのアプローチとしては、直接コンタクトするほか、中小企業施策などを活用して、無料相談や専門家派遣を利用する方法もあります。支援拠点としては、各地の商工団体や各都道府県の「よろず支援拠点」などがあります。気軽な経営相談相手として、パイプをつくっておくことをおすすめします。

第 2 章

中小企業に関する法律と
中小企業支援制度

2.1　中小企業を支援する法律と制度
2.2　親企業との関わり方について

2.1 中小企業を支援する法律と制度

中小企業を支援する法律のあらまし

経営が行き詰まっている当社は、国の支援を活用して、新たな事業の方向を模索したいと思います。そこで、中小企業経営を支援する法律の全体像を教えてください。

Point

・中小企業に関する法律の体系は、中小企業基本法を軸にできています。
・中小企業基本法の理念に対応する各法律の内容を理解するとともに、中小企業者、小規模企業者の定義を把握しておきましょう。

1 中小企業関連法の体系

　中小企業に関する政策と法律をまとめれば、図表2－1－1の通りです。このうち、1999年に全面改訂された「中小企業基本法」は、わが国の中小企業施策の中心的法律になっています。また、2014年には小規模企業者に対する新たな政策が発表され、「小規模企業振興基本法」が制定されました。
　なお、これらの法律は、環境の変化を反映して頻繁に改正が行われていますので、政府のホームページなどで最新の情報を得るようにしてください。

図表2－1－1　中小企業関連法の体系

政　策	法　律	内　容
多様で活力ある中小企業の成長・発展	中小企業基本法	中小企業に関する施策についての基本理念、基本方針その他の基本となる事項を定め、中小企業者・小規模企業者を定義
中小企業の経営革新及び創業の促進	①中小企業等経営強化法	経営力向上のための指針策定や固定資産税の軽減、金融支援の特例措置などについて規定
	②産業競争力強化法	企業単位での規制改革、事業再編や起業による産業の新陳代謝、地域における創業・事業再生を促進し、中小企業の活力再生を支援
	③中小ものづくり高度化法	わが国製造業の国際競争力を強化し、新事業を創出するため、ものづくり基盤技術の研究開発と成果の利用を支援

中小企業の経営基盤の強化	①中小企業支援法	国、県、中小企業基盤整備機構や中小企業診断士等による中小企業支援について規定
	②経営承継円滑化法	中小企業の円滑な事業承継に資するため、相続税・贈与税の納税猶予の特例、金融支援制度、遺留分に関する民法の特例を規定
経済的・社会的環境の変化への適応の円滑化	①中小企業倒産防止共済法	取引先の倒産や連鎖倒産を受けて経営難に陥ることを防止する共済制度を規定
	②東日本大震災に対処するための特別の財政援助及び助成に関する法律	地方公共団体に対する特別の財政的援助及び社会保険の加入者等についての負担の軽減、中小企業者等に対する金融上の支援等の特別助成について規定
資金供給の円滑化及び自己資本の充実	①株式会社日本政策金融公庫法 ②株式会社商工組合中央金庫法	中小企業の資金調達を支援する組織について規定
	③中小企業信用保険法	事業資金の融資を円滑にするため、債務保証についての保険制度を規定
小規模事業者の持続的発展と適切な支援	①小規模企業振興基本法	小規模企業者の技術やノウハウの向上、安定的な雇用の維持等を含む事業の持続的な発展、小企業者の円滑かつ着実な事業の運営を支援
	②小規模事業者支援法	商工会、商工会議所などが地区の金融機関と連携して行う意欲ある取組みを支援

2 ｜ 中小企業基本法による中小企業者と小規模企業者の定義

　中小企業基本法による中小企業者と小規模企業者の定義は、図表２－１－２の通りです。なお、小規模事業者支援法の対象となる「小規模事業者」の定義は、中小企業基本法における「小規模企業者」とは異なりますので。注意してください。

図表２－１－２　中小企業者と小規模企業者の定義

業種分類	中小企業者	小規模企業者
製造業その他	資本金の額又は出資の総額が３億円以下の会社又は常時使用する従業員の数が300人以下の会社及び個人	従業員20人以下
卸売業	資本金の額又は出資の総額が１億円以下の会社又は常時使用する従業員の数が100人以下の会社及び個人	従業員５人以下
小売業	資本金の額又は出資の総額が5,000万円以下の会社又は常時使用する従業員の数が50人以下の会社及び個人	
サービス業	資本金の額又は出資の総額が5,000万円以下の会社又は常時使用する従業員の数が100人以下の会社及び個人	従業員５人以下 宿泊・娯楽業は20人以下＊

＊小規模事業者支援法、中小企業信用保険法、小規模企業共済法における分類

中小企業が活用できる経営支援機関

当社は小規模会社で、内部人材が十分ではありません。当社のような企業が専門的な経営相談に乗ってもらえる機関とその利用方法について教えてください。

A22
Point

・中小企業を支援する機関には、公的機関、商工団体、中小企業支援センター、金融機関、専門家などがあります。
・よろず支援センターが、多くの支援機関等から最適な機関をマッチングする役割を担っています。

1 ｜ 中小企業向け経営支援機関について

中小企業が利用できる経営支援機関は、大きく分類すると、①政府・公的機関、②商工団体、③都道府県等中小企業支援センター、④金融機関、⑤専門家、があります。ここでは、それぞれの代表的な支援機関とその役割をご紹介します。

(1) 政府・公的機関
・**よろず支援拠点**：国が全国に設置した経営相談所です。ワンストップ相談窓口として、売上拡大、経営改善、資金繰りなどを支援し、幅広い経営課題に対して、他の支援機関とのネットワークを生かして支援します。
・**事業引継ぎ支援センター**：後継者不在など、事業承継に関する相談、助言及び承継候補先の紹介等の相談に応じます。
・**地域経済活性化支援機構（REVIC）**：企業再生支援機構を2013年に改組してできました。従来の直接の事業再生支援に加え、地域活性化・事業再生ファンドの運営、専門家派遣などを行います。
・**日本貿易振興機構（JETRO）**：日本の貿易促進に関する事業の総合的な実施機関です。中小企業に関しては、日本からの輸出、海外進出の支援等を行います。

(2) 商工団体
・**商工会議所・商工会**：全国の市区域には商工会議所が、町村区域単位では商工会が設置されています。中小企業支援については、経営指導員が窓口相談、金融相

談及び税務、記帳指導などを実施しています。

・**中小企業団体中央会**：都道府県ごとに設置されており、商工組合、商店街振興会などの団体により構成されています。中小企業の振興発展のため、中小企業の組織化を推進し、その連携を強固にすることによって中小企業を支援することを目的とした団体です。

(3)　**都道府県等中小企業支援センター**：各都道府県と政令市に設置され、中小企業支援実施体制の中心となっています（名称は都道府県によって異なります）。

(4)　**金融機関**

・**日本政策金融公庫（日本公庫）**：いわゆる政府系金融機関です。創業や新事業支援をはじめ、ソーシャルビジネスを支援する融資制度もあります。

・**信用保証協会**：中小企業が金融機関から事業資金の融資を受ける際、保証人になって融資を受けやすくするサポート業務を行っています。

・**その他の金融機関**：日本政策投資銀行（DBJ）、商工組合中央金庫、信金中央金庫、東京中小企業投資育成会社等の投資育成会社などがあります。

(5)　**専門家**

　中小企業診断士をはじめ、弁護士、税理士、司法書士、行政書士、社会保険労務士などが各地域で活動しています（活用方法はQ20参照）。

2 ┃ 支援機関の連携

　各支援機関は、図表2－1－3のように連携しています。

図表2－1－3　中小企業支援機関の連携

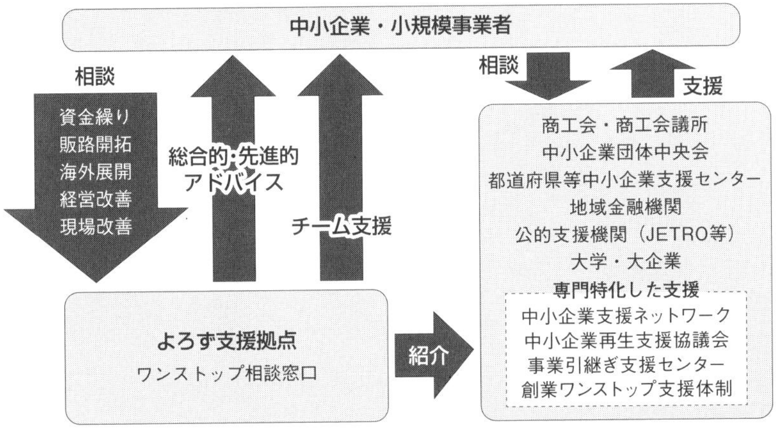

保証付融資の利用法

保証付融資では、通常の融資より銀行の審査ハードルが低くなると聞きました。保証付融資とは、どういうものでしょうか。利用方法についても教えてください。

Point

- 保証付融資とは、担保力の弱い中小・小規模事業者が、信用保証協会を保証人にすることで、金融機関から受ける融資のことを言います。
- 保証は金融機関を通すなどの方法で申し込み、協会の保証承諾が出ると融資が実行され、事業者は保証の委託対価として保証料を支払います。

1 保証付融資とは

通常、金融機関から中小企業が事業資金を調達する場合、大きく分けて銀行自身が返済滞納リスクを負って融資する「プロパー融資」と、信用保証協会が立替払いをする「保証付融資」の二つの方法があります。

信用保証協会（以下、「協会」）は、信用保証協会法に基づく公的機関です。各都道府県に一つ以上あり、担保力の弱い中小企業・小規模事業者が金融機関から事業

図表2-1-4　信用保証制度の仕組み

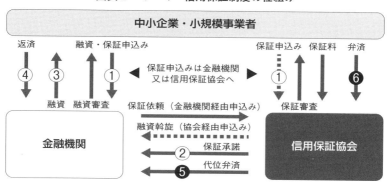

①②：事業者が融資申込みと保証申込みを行い、審査後、保証承諾
③④：融資審査・保証承諾後に融資実行、事業者は約定に従い返済
❺❻：万一返済が滞ると、金融機関の要請で協会が代位弁済

資金の融資を受ける際に保証人になることで借入れを容易にします。事業者の資金ニーズに合わせた各種保証メニューがあります。

信用保証制度の仕組みと利用の流れは、**図表2−1−4**の通りです。協会が事業者からの委託に基づき金融機関に対して信用保証をすることで、金融機関から事業者への融資が実行されます。事業者は、対価として信用保証料を支払います。万一返済が滞るような場合は、金融機関からの要請により協会は事業者に代わって弁済し、事業者に対する求償権を取得します。この仕組みを、「代位弁済」と言います。事業者はこの仕組みにより、第三者の個人保証に頼ることなく融資を受けることができるわけです。代位弁済については、Q24で詳しく説明します。

2 ┃ 信用保証制度の利用方法

信用保証制度は、①会社の規模、②業種、③区域と業歴、の三つの基準を満たすことで利用可能です。利用申込みは、融資を受ける際に金融機関で行うことができますが、協会に出向いたり、地方自治体や商工団体を通したりする場合もあります。

保証審査をパスすると、協会は金融機関に対して信用保証書を発行し、保証書の条件に従って融資が実行されます。事業者は、金融機関を通して定められた信用保証料を支払います。信用保証料は、保証委託に対する対価、つまり協会運営上の費用であり、保証保険料ではありません。保証料率は、利用する保証制度や利用者の決算内容、利用残高によって決まります。

従前、保証付融資は100％保証でしたが、現在は一部の保証を除き金融機関が一定のリスクを負担する責任共有制度に変更されてきており、この制度の対象になるかならないかで、使用する保証料率表が異なります。使用する料率表が決まると、協会は中小企業信用リスク情報データベース（CRD）に照らして、申込者の九つの区分に従い保証料率を決定します。責任共有保証の場合は、**図表2−1−5**のようになっています。

担保の有無や会計処理基準などにより料率割引が適用されることもありますし、小口の利用や政策的に配慮された制度では上限を抑えた保証料率を適用する場合もあります。詳細は、各保証協会のホームページで確認してください。

図表2−1−5　保証料率の目安（責任共有保証の基本料率）

料率区分	1	2	3	4	5	6	7	8	9
料率（％）	1.9	1.75	1.55	1.35	1.15	1.00	0.8	0.6	0.45

52

保証付融資の返済が滞った場合──代位弁済と求償権請求

Q24 信用保証協会の保証付融資を利用しようと思っています。利用前に、返済が滞って代位弁済になった場合のことを知っておきたいので、わかりやすく教えてください。

A24

Point

・代位弁済により、信用保証協会は求償権を取得し、債権が移動します。
・協会は事業者等の実情に即した回収を行いますので、誠実に話し合うことが大切です。

1 代位弁済とは

事業者から金融機関への返済が滞ると、銀行は債務者の代わりに信用保証協会（以下、「協会」）に対して残債の弁済を請求します。残債の立替払いにより協会は求償権を取得し、債権が移ります。このような債務弁済の仕組みを、「代位弁済」と言います。

協会による求償権に基づく弁済請求（求償権請求）は、原則として、期限の利益喪失（Q43参照）による一括請求です。弁済が遅延する場合は、利息ではなく遅延損害金が発生します。

協会は公的機関であり、代位弁済の根拠となる信用保証制度は政府出資により運営されていますので、求償権により得られた債権をサービサー等に譲渡・償却することはありません。保証協会債権回収㈱（保証協会サービサー）も、あくまで回収業務の委託先であり、不良債権の譲渡先ではありません。

2 代位弁済後の流れ

すでに保証付融資を受けている事業者だけでなく、これから利用を考えている事業者にとっても、事業が思った通りに進まず、返済を一時的にストップせざるをえなくなる状況、すなわち、代位弁済になる前後の流れと協会の考え方について知っておくことは大切だと思います。**図表2－1－6**で、流れの概略を把握してください。

図表２－１－６　代位弁済と求償権請求の主な流れ（一例）

延滞からの経過期間	当事者	内　容
１～３ヵ月	金融機関→事業主	催告・催促（電話、訪問、文書）
３ヵ月	金融機関→協会 協会→事業主	銀行が協会に、事故（延滞）報告書を提出 協会からの呼出し
３～４ヵ月	金融機関→事業主	期限の利益喪失による一括請求（内容証明郵便） ＊口座ロックもあるので要注意
４～５ヵ月	金融機関→協会	代位弁済の請求
５～10ヵ月	協会→事業主	代位弁済の実行、代位弁済通知の郵送 債権は金融機関から協会に移動
10ヵ月～	協会→事業主	半年から１年ごとの呼出し

　代位弁済に際して、協会と向き合う上で最も大切なことは、説明と行動です。説明とは、現在の事業状況、資産状況と今後の展望を真摯に明らかにして相談することであり、行動とは、その説明に従った返済計画の実行です。

　代位弁済後、協会は面談等を通して連帯保証人（通常、会社の代表者）を含む事業者の実情に即して回収を行います。その裁量の程度は明確ではありませんが、事業の黒字化と元本完済を基本要件として、少額の分割払いや損害遅延金についても交渉できる可能性があります。逆に、返済能力がありながら返済交渉に応じない、他に選択肢がない状況下で担保物件、所有資産の任意売却を拒否するなどの場合は、法的措置を受ける可能性があります。

3 ｜ 代位弁済の事業への影響と対応

　代位弁済に至る事故は法的再生のように官報に載るものではないので、取引先に知られることは少ないでしょう。ただし、代位弁済に伴い、不動産の差押えがあると、登記簿にはその旨明記されますので留意が必要です。

　残債の完済までは協会による保証は受けられないとされていますが、経営改善により完済前でも保証付融資が受けられた事例もあります。

　代位弁済は、法的整理（倒産）ではありません。あきらめなければ事業継続の可能性があると考えてください。また、経営者の自己破産も個人判断の領域です。

　代位弁済が、経営者（連帯保証人）の死亡による場合などは、推定相続人に求償権請求が及ぶ可能性が高くなります。この場合、相続放棄や分割払い、一部免除の相談ができる場合もあります。

2.2　親企業との関わり方について

下請法規制の対象になる取引と判断方法

Q 25　大手企業からの受注を獲得することができました。今回の取引が下請法の対象になるかどうかの判断の仕方と、取引上の注意事項を教えてください。

A25

Point

- ・下請法は、親事業者の本業の一部を外注等する業務委託取引に適用されます。
- ・下請法が適用されるかどうかは、委託業務内容と取引事業者間の資本金の大小基準により判断されます。
- ・下請法では、親事業者に対する義務と禁止事項を定めています。

1 ｜ 下請法の概要

　「下請法」は、発注者の受注者に対する取引上の不当な扱いを防止するための法律です。下請法が対象とするのは、本業の一部を外注等する業務委託取引です。

　下請法の要件を満たした場合、委託者側を「親事業者」、受託者側を「下請事業者」と呼びます。

2 ｜ 下請法の適用基準

　下請法の適用対象となるかどうかは、業務委託内容と資本金の大小関係により判断されます。

　まず、業務委託とは、親事業者が本業の事業活動の一部を他事業者に委託する取引を言います。売買契約や派遣契約の業務は対象外です。下請法対象の業務委託は「製造委託」、「修理委託」、「情報成果物作成委託」、「役務（サービス）提供委託」の4類型に分かれており、それぞれ**図表2－2－1**のようになっています。

　次に、取引事業者間の資本金の大小関係によって下請法の適用判断を行います。業務委託の内容により資本金基準が異なりますので、注意が必要です（**図表2－2－2**）。

　なお、例外的な判断基準として、資本金基準を満たす会社の子会社を経由する取

第2章　中小企業に関する法律と中小企業支援制度　　55

図表2-2-1　下請法の対象となる業務委託

製造委託

物品の販売や製造を本業とする事業者が、企画、品質、形状、デザイン、ブランドを指定して製造・加工などを依頼すること。動産に限定しており、家屋など不動産は対象外
例）メーカーの部品・金型製造委託、スーパーのPB食品製造委託、出版社の印刷委託など

修理委託

物品の修理を請け負っている事業者がその修理を他の事業者に委託したり、自社使用物品の修理の一部を他事業者に委託したりすること
例）自動車ディーラーの修理作業委託、タクシー会社の業務用車両の修理・メンテナンス委託、自社設備の自前修理の一部の外部委託

情報成果物作成委託

情報成果物の提供や作成を本業とする事業者が、他の事業者にその作成業務を委託すること
例）ソフトハウスのゲーム・業務ソフト開発や機器組込ソフト開発の委託、放送事業者のテレビ・ラジオ番組制作委託、広告会社のCM制作委託、アパレルメーカーのデザイン委託、メーカーのマニュアル制作の委託など

役務（サービス）提供委託

各種サービスの提供を本業とする事業者が、請け負った業務を他の会社に再委託すること。建築業法に規定される事業者が請け負う建設工事は対象外
例）貨物運送業者の一部経路外注、ビルメンテナンスの受託業務の再委託、各種事業者によるコールセンター業務などの委託など

図表2-2-2　下請法の適用基準（資本金基準）

・物品の製造委託・修理委託
・プログラム作成委託
・運送、物品における保管及び情報処理に関連する役務提供委託

親事業者	下請事業者
資本金3億円超の法人事業者 ➡	資本金3億円以下の法人事業者又は個人事業者
資本金1千万円超3億円以下の法人事業者 ➡	資本金1千万円以下の法人事業者又は個人事業者

・情報成果物作成委託（プログラム作成を除く）
・役務提供委託（運送、物品の倉庫における保管及び情報処理を除く）

親事業者	下請事業者
資本金5千万円超の法人事業者 ➡	資本金5千万円以下の法人事業者又は個人事業者
資本金1千万円超5千万円以下の法人事業者 ➡	資本金1千万円以下の法人事業者又は個人事業者

引や、商社を経由する取引があります（Q26参照）。

3 ｜ 下請事業者としての留意点

　下請法は、親事業者に対し、義務及び禁止行為とこれらに違反した場合の罰則を

定めています（**図表２－２－３**）。実際の勧告では、「値引き」名目に限らず、「協力金」、「協賛金」、「拡販費」などの名目で一定割合を乗じて代金から差し引いたり、別途支払わせたりするなどの行為を実質的な減額と認定されるケースが目立ちます。

図表２－２－３　親事業者の義務と禁止行為に関する規定

義務	・注文書面の交付 ・取引関係書類の作成・保存	罰金50万円以下 （両罰＊規定）
	・支払期日の指定 ・遅延利息の支払い（支払遅延の場合）	是正勧告
禁止事項	・受領拒否 ・支払いの遅延 ・代金の減額 ・返品 ・買い叩き ・購入・利用強制 ・報復措置 ・有償支給品等の対価の早期決済 ・割引困難な手形の交付 ・不当な経済的利益の提供要請 ・不当な変更、やり直し	

＊「両罰」とは、業務上で違法行為をした場合に、本人に加えて、その使用者である法人も罰すること。違反行為の本人に対しては懲役又は罰金、法人に対しては罰金のみを科すなどのケースがある。

商社等を経由する取引と下請法の関係

Q26 大手企業仕様の特注品を、商社経由で受注しました。親事業者からの委託製造部品を製造子会社や商社経由で受注するケースは、下請法的にどのように考えればいいのでしょうか。

A26
Point
- *下請法適用の判断は、委託業務内容と両社の資本金基準によります。*
- *商社取引の下請法適用判断は、商社の果たす役割により変わってきます。*
- *子会社を経由する委託取引では、親子会社間の支配関係で判断します。*

下請業務を委託する会社と業務を受注する会社の間に他の事業者（商社や子会社）が入る場合の下請法の適用判断は、少し複雑になります。まず、下請法適用判断の基本を確認した上で、ご質問の取引ケースの考え方を説明します。

1 下請法適用判断の基本は「委託業務内容×資本金基準」

下請法が適用されるかどうかは、図表2－2－4のように取引企業間の資本金と委託内容によって判断されます。下請法適用取引の場合、発注者には義務（注文書交付など4項目）と禁止事項（買い叩き禁止、代金の減額禁止など11項目）が発生し、違反すると会社と当事者の両方が罰せられます（Q25参照）。

図表2－2－4　下請法の適用要件

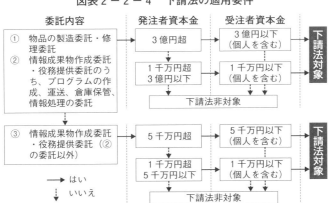

2 ┃ 商社経由の取引の場合

　商社を介在させる取引では、三者間の取引実態によって判断が変わります。商社の立場として委託先選定や委託する業務（製品）の仕様、代金の決定などに関与せず、もっぱら発注者と受注者間でこれらを決定し、商社は取引の窓口や決済の業務代行を行っているだけであれば、商社の介在とは無関係に、発注者と受注者間の取引として判断されます。

　商社が実質的に受託した上で、受注者に再委託する取引であれば、受注者は商社との取引関係において、委託内容と資本金基準により下請法の適用が判断されます。

図表2－2－5　商社経由の取引の場合の下請法の適用関係

発注事業者が下請法上の親事業者になるケース			商社が下請法上の親事業者になるケース
親事業者	発注者		親事業者
↓	↓事務手続の委託　　　↓委託等の内容決定		↓
委託等の内容決定	商社（仕様、価格等に関与せず）	商社	下請事業者
			親事業者
↓	↓事務手続の代行　　　↓委託等の内容決定		↓
下請事業者	受注者		下請事業者

3 ┃ 子会社経由の取引の場合

　子会社を通して発注・受入業務を行う場合は、「トンネル会社規制」が適用されるかどうかが判断のポイントになります。これは、発注者が故意に資本金の小さい会社を取引の間に入れることで下請法適用を逃れることを防止する規定です。実質的な発注者が形式的な発注元となる子会社を支配し、子会社による再委託の程度が相当量（額）である場合は、子会社の介在にかかわらず、発注者と受注者の取引関係（委託業務内容×資本金基準）で下請法の適用が判断されます。

図表2－2－6　トンネル会社規制

条件①と②をともに満たす場合、親会社（発注者）と受注者の関係で下請法の適用を判断する

親会社（発注者）	実質親事業者
条件①：実質上の支配関係（過半数の議決権・役員派遣、役員の任免権）	
子会社	みなし親事業者
条件②：親会社からの委託額又は量の50％以上（複数発注先の場合、総計）	
受注者	下請事業者

親会社から一方的に取引条件を変更された場合

これまで親会社から値下げ要請を受けていましたが、とうとう一方的な値下げ価格で入金されました。当社は、どのように対応すればいいでしょうか。

A27

- 下請法が規定する親事業者の義務と禁止事項を把握しておきましょう。
- 下請法に違反した契約も、場合によっては有効になるケースがあります。
- 親事業者とは書面を使った交渉をすることを心がけて、専門家への相談も検討すべきです。

1 親事業者の禁止事項と罰則

　下請法は、親事業者に対して4項目の義務と11項目の禁止事項を定めています（Q25参照）。その中で、近年特に目立つのは、下請代金の支払遅延禁止と減額禁止に対する違反です。違反の多くは、公正取引委員会による書面調査を端緒に発覚しています。

　違反とみなされた場合は、下請事業者が被った不利益の原状回復のための措置

図表2-2-7　下請事業者が被った不利益の原状回復措置

受領拒否	受領するよう勧告
支払遅延	支払うよう勧告 60日を超える場合、遅延利息（年率14.6%）の支払いを勧告
下請代金の減額	減じた額を支払うよう勧告
返品	返品したものを引き取るよう勧告
買い叩き	下請代金の引上げを勧告
購入・利用強制	購入させたものを引き取るよう勧告
報復措置	不利益な取扱いをやめるよう勧告
早期決済	下請事業者の利益を保護するために必要な措置をとるよう勧告
割引困難な手形	
不当な利益の提供要請	
不当なやり直し	

（図表2－2－7）がとられます。ご質問の場合も、下請法に規定する下請代金の減額禁止違反になる可能性があります。

2 下請代金減額についての合意の効力

　下請法は発注者が優越的な地位を利用して、一方的条件で取引することを取り締まるための法律ですので、仮に当事者間に合意があったとしても、実質的に下請法に違反し、かつ無理強いされたような契約や合意は、その部分が無効となる可能性があります。

　ただし、下請代金の減額、買い叩きの要件に該当しても、双方の合意があり、その値下げ幅が同等品の市場価格と比べて常識を逸脱していなければ、下請法によって合意が否認されるべきではないとした裁判例もあります。ここでいう「合意」とは、円満合意だけに限りません。ご質問のような場合、一方的な値下げ価格をしぶしぶ追認する形で、自発的に請求書を発行するような場合でも、事実上の合意とみなされることがありますので、取引上十分に留意すべきです。

　また、値下げ合意のうち、ボリュームディスカウントや合理的な理由に基づく割戻金などについては、その内容が発注書面に記載されている場合は下請法の代金の減額には当たらない（「下請法運用基準」公正取引委員会）とされることもありますので、この点にも留意してください。

　下請事業者の一方的な不利益につながる実質的な下請代金の減額は、どのような

図表2－2－8　下請代金の減額、不当な利益提供要請の勧告例（2016年）

〈下請取引の形態〉

食料品・日用品卸業 A 社
（親事業者）

小売業者等に販売する食料品、
日用品等の製造委託

日常取引において、下請事業者
に責のない下請代金の減額や不
当な利益提供要請を行っていた
（右記参照）と認定

下請事業者（43社）

■認定された違反内容

「下請代金減額」と認定された実質的値引き名目
　「分荷・荷捌手数料」、「達成リベート」、「販促協力金」、「基本条件」、「販売促進費」、「売上割戻金」、「配送費」、「拡売条件」、「キャンペーン企画条件」など

「不当な利益の提供要請」と認定された負担
・自社製品値引販売費用確保のための「特別販促金」、「拡販協賛金」、「リベート」名目費
・自社商品パッケージデザイン費確保のための費用負担
・自社活動の宣伝展示会への試食サンプル又は金銭提供など

■勧告内容
・今後、減額、不当な利益提供要請をしないことを取締役会で決議すること
・下請法遵守体制を整備すること

名目であれ下請法に違反しますし、この場合の合意は否認される可能性が高いと言えます。注意すべきことは、近年の下請法による勧告を受けた事例では、実際の取引とは別の名目で一定の金銭を支払わせる形態が多いことです（図表２－２－８）。名目を問わず、親事業者からの出費要請は丸のみしないで、交渉の対象にすべきです。

3 │ 下請事業者としての対応方法

　公正取引委員会の勧告を受けた事業者の釈明には、「下請法の趣旨を理解していなかった」という声も多いと聞きます。親事業者の担当者には、常に取引内容の書面での速やかな提示を促すなどして、無知や不注意による下請法違反を牽制することも効果的です。また、親事業者の購買担当者の異動などを踏まえると、合意内容の書面化は、法的な効力を担保する上でとても大切なことです。

　一方、ご質問のような問題に直面してしまった場合は、直接の交渉に加えて、「下請かけこみ寺」など専門家への相談も検討してください。下請かけこみ寺は、下請事業者が取引上の悩みを相談する場として、国が全国都道府県に設置したもので、相談員や弁護士が無料で相談に応じてくれます。

コラム　下請取引を優位に進めるために

　親事業者の発注担当者の中には、下請法についての知識不足等が原因で、不適切な交渉を強いてくるケースもありますので、下請事業者は、取引交渉に臨むにあたって、準備を怠ってはいけません。

　中小企業庁発行の「価格交渉ノウハウ・ハンドブック」では、価格交渉を上手に進めるために、下請事業者には、「発注者の視点をもった情報提供と価格提示が大切だが、そのためには、市場価格や品質、自社の採算性などに関する、事前の準備と合意が必要である」とアドバイスしています。

　このポイントを踏まえた上で、打合せ設定や議事録の発行など、取引交渉において、行動的主導権の確保を意識した姿勢を見せることも、良好なコミュニケーション関係の構築、ひいては取引条件の改善に役立ちます。

「価格交渉ノウハウ・ハンドブック」（中小企業庁発行）

フランチャイズビジネスの特徴と契約時の留意点

Q 28 フランチャイズ契約での事業展開を考えています。本部と加盟店間のトラブルなど、契約を進める上でのビジネス視点と法律的視点からの留意点を教えてください。

A28
Point

- フランチャイズシステムには、実証済みの本部ノウハウ活用により、低リスクで起業し、スピーディに事業展開できるメリットがあります。
- フランチャイズ契約にあたっては、一方的に本部提示内容を受け入れる約款契約である点を認識し、契約内容の十分な理解を心がける必要があります。

1 フランチャイズの定義とビジネスの特徴

フランチャイズシステムとは、事業者（フランチャイザー）が、自己の経営資源（商標やノウハウなど）を利用して事業を行う権利を他の事業者（フランチャイジー）に与え、その対価を得るという継続的な契約関係を言います。企業の枠にとらわれず、有能な人材を社外に求め、他人資本を活用することで、資本投下を抑えながら多店舗展開ができるという点で、本部と加盟店の利害が一致する限り、双方にメリットをもたらします。

本部にとっては、経営基盤の安定化というメリットがあります。加盟店としても、本部の実績とブランド力・ノウハウなどの多くの事業資産を活用することにより、経験の乏しい事業領域においても、ビジネス開発投資が抑制でき、比較的スピーディな事業展開が可能になるというメリットがあります。

これらのメリットは、フランチャイズ契約が本部と加盟店双方の理解の上で締結され、実際の事業においても双方の協力の下で契約が履行されてはじめて生きてきます。

2 フランチャイズ契約の特徴

フランチャイズ契約は、加盟店の立場から見れば、本部が用意した事業内容を受け入れる約款契約です。そのため、契約にあたっては、本部が提示する情報だけで

第2章　中小企業に関する法律と中小企業支援制度　　63

図表2－2－9　フランチャイズビジネスの加盟者からみたメリットとデメリット

メリット	デメリット
・本部の信用力を背景にした金融機関からの融資の可能性が高まる。 ・市場で検証され実績のあるシステム、ブランド、ノウハウ、規模の経済によるコスト競争力などの活用により、新規開業のリスクを軽減できる。 ・本部によるオペレーションの標準化や各種支援により、経験の乏しい事業者でも効率的な事業運営ができる。 ・未経験な領域への低リスク展開は、既存企業にとっても事業再生の有効手段になる。 ・本部との利害は原則的に一致しているので、ポジティブな補完関係が構築できる。	・本部が設定した内容を受け入れる契約形態であり、契約内容の柔軟性に欠ける。 ・本部と加盟者の関係において、公正さに欠ける上下関係が生まれるリスクが内在している（独占禁止法関連）。 ・ロイヤルティの支払いがあり、兼業禁止制約などのケースもある。 ・契約上、事業継続や撤退が制限される場合もある。 ・地域に合った仕入れや販売促進など、経営者裁量が制限される場合がある。 ・契約終了後、競業禁止条項により、一定期間、独自の事業が制約される場合がある。

なく、加盟者として、フランチャイズビジネスの法律的関係や周辺情報についても十分に理解しておく必要があります。

　図表2－2－9に、フランチャイズ契約の特徴を踏まえて、フランチャイズビジネスのメリットとデメリットを加盟者視点で整理しました。

3 ┃ フランチャイズ契約における注意点

　フランチャイズによる起業や事業展開を考える場合、前述したように自分自身で細部まで理解することが大切です。業種・業態が決まったら、複数の本部の事業説明会や法定開示書などを通して共通点や差異点などを検討し、フランチャイズシステムの理解に努めます。ロイヤルティ算定条件や取引上の制約・義務・権利などの基本事項はもちろんのこと、競業避止義務や中途解約に関連する条項なども重要な項目です。

　本部の絞込みができた段階で、本部担当者との個別の面談等を通して、立地判断や売上予測の基準、営業不振時の本部支援メニューなど、幅広い条件で契約内容の全貌と細部の把握に努めます。理解できない部分などについては、中小企業向けの経営支援サービスなどを利用して、専門家に相談することもできます。

　さらに、本部の将来的な事業計画、例えば当該地域での店舗数拡大方針や本部としての事業拡大計画なども、できる限り理解します。近隣に同一チェーン店が展開することなどによるトラブルも少なくありませんので、注意してください。

図表2－2－10　フランチャイズ契約にあたって加盟者が把握すべき最低限の項目

- 本部の規模・事業内容・業歴・財務内容
- フランチャイズ契約の推移と訴訟件数
- テリトリー権、競業禁止、守秘義務等の規定
- 契約時の徴収費用と返還の有無
- ロイヤルティ徴収の詳細と本部相殺勘定の把握
- 開示ノウハウや店舗運営研修、経営指導
- 商標などの使用条件、商品販売・斡旋と決済条件
- 店舗構造、内外装についての加盟者負担
- 契約違反や解除に係る違約金・損害賠償金など

第 3 章

事業活動に関する
法律と制度

3.1　事業活動と契約、改正民法に関する知識
3.2　債権回収の方法と進め方
3.3　保証、銀行借入れ、手形・小切手の知識
3.4　個人情報の扱い方について

3.1　事業活動と契約、改正民法に関する知識

ビジネスにおける契約と契約書の意義

大口の取引先から、契約書を取り交わしたいと言われました。契約書は、どんな取引にも必要なのでしょうか。また、契約の内容には、法律的な制限はあるのでしょうか。

A29
Point

- 契約は口頭でも成立しますが、万一の紛争に備えるには書面化が必要です。
- 契約は原則自由（契約自由の原則）ですが、公序良俗や強行法規に反する条項は無効になります。
- 契約の種類によっては、法律で書面合意を義務付けているものもあります。

1 契約書の必要性

(1) 契約とは

「契約」とは、ある一定の目的（物）に対して、当事者同士が「申込み」と「承諾」の意思表示をすることによって発生する権利と義務の関係のことです。契約が成立すると、当事者間に権利（債権）と義務（債務）が発生し、法的拘束力を持つことになります。

通常の消費生活では、「買いたい」という意思表示と、「承知しました」という意思表示の合致により契約が成立し、代金を支払うことで、所有権が売り手から買い手に移るという契約関係が成り立っています。

(2) 書面化する意味

契約は口頭でも成立し、必ずしも書面にする必要はありませんが、万一の場合に備え、その内容を書面化したものが契約書です。万一の場合とは、例えば、次のような状況です。

- 相手が、契約内容を忘れたり、誤解したりしていて履行しようとしない。
- 契約当初に比べて業績が悪化したため、約束を反故にされた。
- 相手方の担当者が引き継ぎなしに退職したため、取引条件が変更された。
- 海外企業との取引で、不良品の取扱いについて紛争が起きている。

第3章　事業活動に関する法律と制度　67

特に契約内容で紛争になり、法廷でその権利関係を争う場合に、契約書は証拠になりますし、思い違いや歪曲を防ぐことにもつながりますので、その意味はより重要になります。

2 ┃ 契約自由の原則とその例外

契約するのかしないのか、契約する場合、どのような内容・形式にするのかなどについて当事者が話し合い、合意することは自由です（契約自由の原則）。ただし、次のような例外がありますので、注意してください。

(1)　契約内容が無効になる場合

契約が自由と言っても、法律の規定を無視していいわけではなく、次に掲げる場合は契約内容が無効[注1]になります。

・公序良俗に反するような契約条項
・強行法規[注2]に反する契約条項

(注) 1　「無効」とは、はじめから法律的効果が生じていないことを指します。これと似た用語に、「取消し」があります。これは、取り消されるまでは法律的には有効な効果があったものを、過去まで遡って、その法律的効果を消滅させることを言います。
2　当事者間の合意の有無にかかわらず適用される規定のこと。借地借家法、利息制限法、独占禁止法、下請法、景品表示法などに多く含まれます。

(2)　書面化が義務付けられている場合

下請法による発注書面や労働者派遣契約をはじめ、労働条件の明示、廃棄物の処理、特定商取引法による訪問販売など、法律によって書面化が義務付けられているものについては、契約の内容を法律に従って書面化した上、合意する必要があります。

3 ┃ 契約書の種類

契約書という名称を使わず、「覚書」、「協定書」、「約定書」などという呼び方をする場合もありますが、これらはすべて契約文書であることに変わりはなく、効力はどれも同じです。覚書は契約書より効力が弱いと言う人もいますが、これには根拠がありません。

また、契約書には、分類方法によって多くの種類があります。これらのうち、どの企業でも取り扱う可能性のあるものとしては、図表3－1－1のような契約書があげられます。

図表 3 − 1 − 1　代表的な契約書とその概要

契約書の種類	概　要
取引基本契約書	継続的な取引に共通する基本的な事項（条件）を取り決めるもの。特約店契約書や代理店契約書などもこれに該当する。個々の取引の商品価格や数量、納期などは、注文書・注文請書でやりとりする。
業務委託契約書	外部の個人や企業に業務の一定部分を委託する契約。民法では、請負や準委任が該当する。業務に使用するソフトウェア開発契約なども、業務委託契約の形態をとることが多い。業務委託については、Q25も参照のこと。
秘密保持契約書（NDA）	取引を検討したり進めたりする上で必要になる。一方又は双方の秘密情報を開示する際に、開示の目的や内容等についての守秘義務を確認するもの。

4　中小企業経営における契約のあり方

　中小企業経営者が、困ったことや解決の難しいこととしてあげる経験としては、「債権回収」が一番多く、「取引上の悩みやトラブル」が続いています。このことから、日常の準備に注力すべき対象として、「契約・取引関係全般」をあげる企業が最も多いとも報告されています（東京商工会議所「中小企業の法務対応に関する調査報告書」2015年3月）。

　このように、中小企業経営者の契約の重要性に対する意識は高いものの、多くの中小企業は法務の専任を置くことができず、大半の企業では、契約書のチェックは経営者自身が行っているのが実態です。

　こうした状況を踏まえると、経営者が契約や契約書に関する知識やセンスを持っていることは、円滑な企業経営を続けていく上で大切な要素であると言えます。契約に関する基礎的な知識を踏まえた上で、重要な局面では、専門家（Q20参照）や公的支援（Q22参照）などへの相談を視野に入れることも大切です。

ビジネスにおける契約締結上の留意点

 大手企業との商談が成立し、業務委託契約書を受け取りました。どのような点を確認すればいいでしょうか。また、契約当事者には誰がなるべきでしょうか。

Point

・契約内容としては、個別合意条項と一般条項の両方について確認します。
・契約書と合意内容に齟齬や疑義がある場合は、再確認の上、修正します。
・契約当事者は、会社の代表者か代表者から代理権を認められた者です。

1 契約書本文の項目と留意事項

　契約書の主なチェック項目を、図表3-1-2にまとめました。契約の目的や取引内容（成果物の数量や代金）、引渡時期などの個別項目について、実際に合意し

図表3-1-2　契約書の主な確認ポイント

	項　目	確認すべき内容
一般条項	知的財産権	権利の帰属、第三者との係争時の責任関係
	守秘義務責任	対象期間と対象情報
	その他義務項目	中間・完了報告、法令遵守、法令適合、契約期間中の禁止事項など
	契約解除・解約	解約・解除条件や手続
	不可抗力	契約不履行に関する免責事項
	遅延損害金・損害賠償	損害発生時の負担、求償権など
	期限の利益喪失	支払猶予期間中の信用不安への対応
	管轄裁判所	訴訟時の場所の妥当性
個別条項	契約の目的	自分の理解との符号
	対象の商品・業務の内容	数量、期間、仕様、納期などについて自分の理解と照合する
	成果物等の引渡し関連	期日・方法、場所、方法、検査・検品期間（方法、場所）、不良品
	代金支払関連	締め日、支払期日、支払方法、税、振込手数料等についての取決め
	再委託の可否	再委託の可否、可能条件など
	所有権移転時期	引渡し時、検査合格、代金完済時など
	瑕疵担保責任	隠れた欠陥に対する責任内容や期間
	契約書の体裁と効力	契約対象期間、署名（記名）捺印、収入印紙、修正等の適切さ

た内容と合っているか確実にチェックする必要があります。加えて、一般条項についても十分に理解するように心がけます。必要に応じて専門家に問い合わせるなどして、不明点を残さないようにしてください。

合意内容について齟齬や疑義がある場合、取引先に自らの理解を伝え、相手の意図を確認します。必要に応じて協議し、修正合意をすることになります。

2 | 契約の当事者

契約の締結にあたっては、個人事業主であれば当事者は本人しかいませんので、本人が署名（記名）捺印をします。

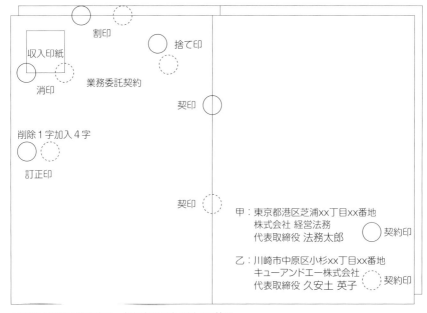

図表3－1－3　契約書の体裁と押印箇所

- ・契約印：契約の意思表示。契約者の記名の近くに捺印
- ・消　印：印紙の再使用防止。印紙と台紙にまたがって捺印
- ・割　印：二つの文書の同一性・関連性を示すもの
- ・契　印：2枚以上の文書の差替えなどを防ぐためのもの。正本テープを使う場合は、テープと台紙にまたがって捺印
- ・訂正印：修正は2本線で消して行い、修正箇所に押印するか、欄外に訂正文字数（削除〇字加入△字など）を明示して両者が捺印
- ・捨て印：訂正印捺印の手続を省略するため、あらかじめ欄外に捺印しておくもの（無断変更のリスクがあるので、捨て印は避ける）

第3章　事業活動に関する法律と制度　71

　会社の場合は、会社を代表する者又は会社を代表する者から契約締結について代理権を与えられている者が会社に代わって契約当事者になります。会社を代表する者とは、代表取締役（株式会社の場合）であり、その他の上位管理者として部門長、部長なども契約当事者（代理権者）になります。押印は、代表者の場合は代表者印（実印）や代表者常用印（法人認印）を、代表者以外の場合は、役職印（部長印など）等を使用します。

3 ┃ 契約書の体裁

　二者間の契約では、正本を2通作成し、それぞれが1通を保管します。前ページ**図表3－1－3**のように両者の捺印が必要なので、契約書作成者が2通作成し、収入印紙（単に「印紙」と言う場合もあります）を1枚貼り、必要な捺印をした上で、相手に渡します。相手方でも、印紙を貼り、捺印したのちに1通返却してもらうようにするとスムーズです。

　収入印紙は印紙税[注]に従い、1通1枚必要ですので、当事者間で分担して貼ります。

（注）　印紙税は、日常の経済取引に伴って作成される契約書や金銭の受取書（領収書）などに課税される税金です。原則、収入印紙を課税対象文書に貼付することで納付します。課税対象文書は20種類あり、文書の種類や契約書の内容、記載金額などにより税額が異なります。詳しくは、国税庁のホームページにある印紙税額一覧表で確認ください。

民法改正の要点と実務への影響

Q31 中小企業の経営者です。最近、民法（債権法）が改正された
と聞きました。実務に関係しそうな部分のポイントを教えてく
ださい。

A31

Point

・*民法（債権関係）の改正は、これまで判例で積み上げられたルールの条文化と
現代経済への対応、国際ルールとの整合化などを目的にしています。*
・*企業経営に影響する主な改正点は、①消滅時効の統一、②保証人保護の充実、
③法定利率の変更と変動制の導入、④定型約款の法定化、⑤各種契約につい
ての改正、⑥債権譲渡に関するルールの改正、の六つです。*

1 ┃ 民法改正の背景と影響

わが国の民法は、1896年の制定以来、全般的な見直しがされておらず、社会や経済の変化に、判例や他条文の準用などで対応していましたが、判例の条文化と現代の経済情勢への対応、国際的取引ルールとの整合などの見地から、債権に関係する部分が改正されました。

改正案は2017年4月4日に衆議院を通過し、5月26日に参議院本会議で成立しました。基本的には、2020年4月1日に施行されます。

改正内容について、施行前に理解しておくことは、企業運営上プラスになると思いますので、ここでは改正内容のポイントを解説します。

2 ┃ 改正民法のポイント

債権関係の条文は多様で多岐にわたるため、今回の改正内容が各企業の実務に与える影響はシンプルではないと想定されます。そこでここでは、どの業種・企業にも影響があると思われる、次の六つの要点について説明します。

①債権の消滅時効の統一
②保証人保護の充実
③法定利率の変更と変動制の導入

④定型約款の法定化
⑤各種契約についての改正
⑥債権譲渡に関するルールの改正

(1) **債権の消滅時効の統一**

改正前は、債権の消滅時効を原則、債権者が権利を行使することができるとき（客観的起点）から10年と定めていましたが、改正法ではそれに加え、債権者が権利を行使することができることを知った日（主観的起点）から5年が経過したときにも、債権は消滅すると定めています。通常のケースでは、権利行使が可能と知った日と権利行使ができるときは同じであり、これが債権発生時点と考えられますので、本規定は実質的に債権の消滅時効を5年にするものと理解できます（図表3－1－4）。

また、職業別の短期消滅時効や商事時効規定（Q33参照）が削除され、債権の種類により異なっていた消滅時効が統一されました。改正法施行後は、企業実務における債権管理において、この点を考慮する必要があります。

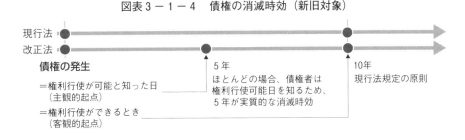

図表3－1－4　債権の消滅時効（新旧対象）

(2) **保証人保護の充実**

事業のための貸金債務についての個人保証契約は、保証契約の前1ヵ月以内に、保証人になる意思が主たる債務内容、保証内容とともに公正証書で確認されていなければ無効になります。これにより、第三者個人保証は大きく制約されました。ただし、法人債務の場合の取締役等、過半数議決権を有する株主、及び個人事業の場合の共同事業者と従業員である配偶者は例外とされています。

さらに、保証人予定者又は保証人に対して、主たる債務者の資産や他債務の状況、及び主たる債務の履行状況に関する情報を提供する義務が、主たる債務者や債権者に課されます。

このほか、貸金等根保証契約に限定していた極度額の設定及び確定事由（主債務

者の死亡、破産など）の規定を個人根保証一般に拡大するなどの改正もなされています。

(3) 法定利率の変更と変動制の導入

法定利率と市場金利の乖離が大きくなりすぎた状況を踏まえて、現行5％に固定されている法定利率が3％に変更されます。さらに、利率の見直しを3年ごとに行いますので、法定利率は適用するタイミングにより変動することになります。この改正に伴い、商事法定利率（現行6％）は廃止されます。

(4) 定型約款の法定化

契約は双方の合意に基づくものと考える現行民法では、約款による契約形態は想定外でした。しかし、現代社会では、大量の取引を円滑に行う上で約款の役割は大きくなっています。このことを踏まえ、改正民法では、「不特定多数との取引において、契約の内容とすることを目的として準備された条項のまとまりで、画一的であることが双方にとって合理的であるもの」を、「定型約款」として明文化しました。

定型約款は、その作成者が、定型約款を契約の内容とすることをあらかじめ相手方に示すことで、その内容で合意したものとみなすものです。ただし、信義則に反して相手方の利益を一方的に害する部分（不当・不意打ち条項）は無効になります。

定型約款の特徴は、契約の相手方がその内容を知らなくても、これらの条件を満足していれば契約として成立する点にあります。

(5) 各種契約についての改正

通常の企業活動においては、さまざまな契約が発生しますが、各種契約についても、判例の条文化などを含めた改正がなされています。その主な内容を、**図表3－1－5**にまとめました。

(6) 債権譲渡に関するルールの改正

資金調達手段の一つとして、売上債権を担保にした融資（資産担保融資）が注目されていますが、現行民法は、このような資金調達の可能性を阻害すると言われていました。これを受けて、改正民法では、債権者と債務者の間に債権の譲渡を禁止し、又は制限する旨の意思表示（譲渡制限特約）があっても、債権譲渡は有効になるとしています。

ただし、債務者は悪意又は重過失^(注)の譲受人には対抗できる（主張を通すことができる）としていますので、譲受人への支払いに応じないことも考えられます。このような場合を想定して、改正法では、譲受人は債務者に対して譲渡人への債務履行を催告することができ、これに応じない場合は、債務者は譲渡制限特約を理由

第3章　事業活動に関する法律と制度　　75

図表3－1－5　主な契約類型と改正内容

契約類型	改正内容
消費貸借	・現行民法の要物契約を基本とする消費貸借に対して、諾成的契約を明文化した。ただし、書面等による合意を要件とする。
賃貸借	・存続期間の拡大：20年→50年以内 ・敷金の条文化：名目を問わず、金銭債務の担保目的で賃借人から賃貸人に交付する金銭を敷金と定義し、賃貸借終了かつ目的物の返還時点で返還を要することとした。
請負	・契約の解除：現行民法では、建造物の請負では瑕疵*などによる契約目的不達成時においても、注文者は契約を解除できないが、改正法では、解除一般の定めに従うことになる。 ・契約不適合（瑕疵）に対する修補請求期間の起算時点：現行は「引渡し時」が起算点であるが、これが「不適合を知ったとき」に変更された。除斥期間の1年に変更はない。
委任	・受任者の自己執行義務（委任者の許諾又はやむを得ない事由がないと再委任できない）を明文化した。現行は民法104条の復代理人規定を類推適用している。
売買	・目的物が種類又は品質に関して契約の内容を満たさない場合は、売主へ1年以内に通知することで、軽微な場合を除き、履行追完（補修、代替物引渡しなど）、代金減額、損害賠償請求、契約解除ができる。「瑕疵」は、「契約不適合」という言葉に代わる。

＊「瑕疵」とは、何らかの欠陥のことを言い、買ったものや請負契約の成果に隠れたキズや契約内容を満たさない不具合（瑕疵）がある場合、売主等にその損害を補償する責任（瑕疵担保責任）が発生する。

に譲受人への弁済を拒否できないとしています。

　将来債権の譲渡についても、改正法で明文化されました。債権譲渡の際、債権が実際に発生していなくても債権譲渡は可能で、譲受人は将来的に発生する債権を取得できるようになります。

（注）　法律用語で「悪意」とは、一定の事実を知っていることを意味します。これに対する言葉は、「善意」です。つまり、一定の事実を知らないことを、善意と言います。どちらにも、一般生活上で使用される人や物に対する感情の良し悪しの意味は含まれていません。一方、「重過失」とは、当然払うべき注意を、はなはだしく欠いている状態を言います。

3.2　債権回収の方法と進め方

段階的な債権回収の手段

Q32 取引先が借金を返さなかったり、商品代金を払わなかったりする場合の債権回収の方法や手順をわかりやすく説明してください。

Point

- 債権回収においては、*債務不履行の初期段階での早期対応がポイントです。*
- *納品済商品を持ち帰るなどの自力救済は禁止されています。*
- *通常は話し合いによる単純弁済や代物弁済、債権譲渡などに始まり、不調の場合は、主に弁護士を介入させた訴訟等による回収に進みます。*

1 債権回収の初期段階

　債権回収においては、債務者の不払いが始まる初期段階が重要です。早い時期に債務者の信用不安を察知し、他の債権者よりも早く債権回収に動いて優位に立ち、迅速に債権回収の基本方針を決めます。そして、応急措置が必要であれば、出荷停止をするなどして損害の拡大を防ぐとともに、保全手続としての仮差押え（Q38）、仮処分を実施します。

　なお、債務者が突然倒産して破産等の法的整理に入った場合でも、納品済の商品を持ち出すなど（自力救済）、個別の債権回収は禁じられます。しかし、人的・物的担保の行使ができる場合がありますので、事前にとれる手続を考えてみるといいでしょう。

2 交渉の段階

　債権回収の第一歩は、話し合いから入るのが原則です。基本的な回収方針としては、債務者の状況や債権の内容等によって、可能な限りの弁済や代物弁済（Q34）、債権譲渡（Q35）などの即時回収を目指すのか、追加担保（人的担保、物的担保）や分割弁済等による、時間をかけた回収を目指すか

第3章　事業活動に関する法律と制度　77

に分かれます。いずれも、話し合いにより回収に向けた合意を目指します。

3 ▌裁判所の法的強制力で回収する段階

　話し合いが決裂したり、約束が守られなかったりした場合、裁判所を利用することになります。裁判所で、強制執行に必要な債務名義（確定判決、裁判上の和解調書・調停調書等）を得ておくのです。ただし、金銭に関する執行認諾文言付公正証書があれば、この手続を経ずに執行に移ることが可能です。

　まずは、手続が簡単で迅速な簡易裁判所の利用を検討します。争いの内容や程度によって、訴訟以外の支払督促（Q36）、民事調停（Q37）、即決和解（Q39）を検討してから、簡易裁判所での訴訟を考えてもいいと思います。簡易裁判所での訴訟には、①訴額60万円以下の少額訴訟（Q40）、②手形金額140万円以下の手形訴訟、③訴額140万円以下（140万円以下の手形訴訟を除く）の通常訴訟（Q41）があります。

　次に、債権金額が大きかったり争いの内容が深刻だったりする場合などは、地方裁判所による通常訴訟を考えることになります。訴訟になっても、訴訟上の和解という話し合いの場は残されています。

4 ▌強制的回収の段階

　強制的回収は、倒産の場合には法的整理（破産、民事再生等）という包括的執行となりますが、通常の場合は個別執行です。担保権を持っているなら、真っ先に権利行使を検討します。担保権の行使には、強制執行のような債務名義が不要ですから、直ちに着手するのが得策です。他の債権者に対する優先弁済権があり、倒産して法的整理が始まっても別除権として手続外で行使できる（会社更生は例外）ためです。

　次に、担保権がない一般債権の場合には、最終的な回収方法である強制執行になります。この場合は、動産・不動産・債権等の財産の強制執行による換価手続により、債務者の全財産から回収することになります。

時効で債権がなくなるのを防ぐには

長期間塩漬けになっている債権があります。債権には時効があると聞きましたが、時効で権利がなくならないようにする方法はないでしょうか。

Point

- *債権の消滅時効とは、一定期間権利が行使されなかった事実に基づき、債権の法律的効果を消滅させることを言います。*
- *時効完成後に時効の利益を利用する意思を相手に伝えること（援用）で、時効は有効になります。*

ご質問の趣旨から、ここでは時効のうち債権の「消滅時効」について、現行法の規定に基づき説明します。改正民法（2020年4月1日施行）では、消滅時効に関する規定も改正されています（Q31参照）。

1 消滅時効の存在理由とその期間

債権は、放置したまま一定期間が経過すると、時効により消滅します。時効は、社会の法律関係の安定を図るため、永年権利行使をせず、権利の上に眠る者は保護しない等の理由から存在しています。しかし、時効には真実の権利者を犠牲にする面もあるので、時効の進行を止める制度（中断、停止、放棄）も用意されています。

債権の消滅時効期間は、現行法では、一般債権は10年、商取引上の商事債権は5年が原則です。売掛金債権については、図表3－2－1のように、短い時効期間（短期消滅時効）が定められています。ただし、2020年4月に改正民法が施行されると、債権の消滅時効は、実質的に5年に一本化されます。なお、確定判決、裁判上の和解、民事調停、支払督促

図表3－2－1　債権の消滅時効（現行法）

時効期間	債権の種類
1年	飲食店・旅館・映画館などの料金、レンタルビデオ・レンタカー料金、芸能人・プロスポーツ選手の給料、使用人の給料
2年	小売業の商品代、学習塾の授業料、理髪代金、クリーニング代、弁護士・公証人の報酬
3年	医師・薬剤師の医療費、工事関連費用
5年	企業間取引（商事債権）
10年	個人間の売買、貸し借り

等をとっておくと、時効期間が一律10年に延長されます。

2 │ 時効中断の方法と選択

　債権回収が完了しないまま消滅時効が迫ってきたときは、時効中断の措置をとり、それまでの時効期間の経過を振り出しに戻しておく必要があります。時効の中断事由としては、①請求、②差押え・仮差押え・仮処分、③承認、の三つがあります。このうち、①と②は債権者側、③は債務者側の行為です。

　ご質問のような場合、費用対効果を考え、裁判所を経ないで行える「承認」をまず検討すべきです。承認とは、債務者が債務の存在を認めることです。承認により、時効はリセットされます。時効が完成していた場合でも、時効利益の放棄として、債権の消滅を阻止できます。交渉等で債務者の協力を得られる場合は、この方法をとるべきです。

　同じくコストのかからない方法に「催告」がありますが、完全な中断方法ではなく、催告後6ヵ月以内に裁判上の請求等の手続をとらなければ中断の効力を生じません。

3 │ 時効の援用と放棄（援用権の喪失）

　時効は、債務者や保証人など直接利益を受ける者（援用権者）が、時効消滅の利益を受ける旨主張（援用）しない限り効力を生じません。

　民法では、時効の利益は、時効完成前に放棄できないとしていますので、どのような形でも、債権者は完成前の放棄を求めることができません。時効完成後は自由に放棄することが可能で、その結果、債務者は時効援用権を失います。債務者が時効完成を知らないまま債務の承認をした場合にも、信義則により放棄と同様に援用権を失うとされています。

　実質的な承認行為の一つとして、一部返済を債権者が求めて、これに債務者が応じるケースがあります。これは、債務者の自発的行為であれば問題ありませんが、欺瞞的に行われた場合は承認とは認められない場合もあります。

4 │ 相殺による回収

　時効完成後、債務者による援用により債権が消滅した場合であっても、債権者が債務者に対し金銭債務を負っている場合には、これと相殺することができます。この結果、反対債務も同じ金額で消滅するので、時効消滅した債権を回収したのと同じことになります。

代物弁済による債権回収

Q 34　金銭以外の動産、債権、不動産で債権を回収する方法があると聞きました。こうした弁済の方法について、わかりやすく説明してください。

A34
Point

- *代物弁済は、債務者に債務を履行するための金銭がない場合、他の物品で弁済してもらうことで、選択肢として考えられる債権の最終的な回収方法です。*
- *代物弁済では、対象物の評価をした上で、対象額を契約書で明確にします。*

1 ｜ 本来の弁済による回収

債権回収は、債務者が借入金額を自分の意思で、金銭で弁済するのが本来の姿です。したがって、債務者に現在支払資金がない場合でも、第三者からの新たな借入れや資産の売却等により弁済資金を調達してもらい、一括弁済を受けることが、本来の弁済による回収となります。

このような形で弁済を受ければ、あとで、他の債権者の権利を害したことを理由に取り消される（詐害行為取消し）おそれがほとんどありません。

2 ｜ 代物弁済による回収

「代物弁済」とは、債務者が負担している本来の給付（通常は金銭）に代えて、他の給付により債務を消滅させる契約を言います。債務者に支払資金がない場合でも、まだ担保に取られていない不動産等の資産を持っていれば、金銭に代えて、直接この資産を譲渡することで弁済に充てることができます。債務者の倒産前後の債権回収方法として、よく行われます。

3 ｜ 代物弁済のメリット

代物弁済は、債権者と債務者が合意さえすれば、動産（在庫商品等）、不動産（土地・建物等）、債権（売掛金等）など、あらゆる財産を対象にできます。債務者がその財産をもとに資金調達する時間と手間が不要なので、金銭による弁済と比べ、

素早く財産を確保できるメリットがあります。

　ただし、譲渡を受ける場合は、第三者に対して主張するための要件（対抗要件）を備えておくことが必要です。対抗要件としては、動産なら引渡しによる占有権の取得、不動産なら移転登記等、債権なら譲渡に係る第三債務者への通知又は承諾があります。

4 ┃ 代物弁済の注意点

　代物弁済においては、次の点に注意が必要です。

[注意点1] 物品の価値が債権額未満でも、全債権が消滅すること

　例えば、100万円の売掛債権を有している者が、80万円の価値しかない物品を受領しても、100万円の売掛金債権全部が消滅することになります。これを避けるには、「債権100万円の一部（80万円分）を代物弁済として受領する」旨を明記した文書を取り交わした上で代物弁済を受けることです。

[注意点2] 暴利行為として、無効とされる場合があること

　物件の価値が債権額を上回っていても、清算して返金する必要はありません。例えば、売掛債権100万円の代物弁済として、120万円の価値がある物品を取得したとしても、差額の20万円を返金する必要はないのです。しかし、売掛債権の数倍もの価値を有するものを代物弁済として受領した場合、公序良俗に反する暴利行為として代物弁済自体が無効とされることがあります。債権額との価値のギャップが大きすぎない物品にとどめるのが無難です（動産の場合）。

[注意点3] 詐害行為に問われるケースがあること

　代物弁済を理由として他社商品を引きあげた場合、他社の利害に触れ詐害行為になり、民事・刑事上の問題が生じる可能性があります。

[注意点4] 仮登記担保には剰余分清算義務があること

　目的物が不動産の場合、前もって「代物弁済の予約」、「停止条件付代物弁済」などを契約しておくことがあります。仮登記担保と呼ばれる方法ですが、この場合、目的物の価額が債権額を超過したときには、剰余分を返還する清算義務が課されます。

[注意点5] 代物弁済内容を契約書で取り交わすこと

　代物弁済行為が取り消されたりすることのないよう、契約書を必ず作成し、代物弁済で給付を受ける物の価格を正確に評価することが重要です。

債権譲渡による債権回収

Q35

取引先からの売掛金回収が困難なため、債権譲渡も利用したいと考えています。債権譲渡による債権回収とは、どのようなものでしょうか。

A35

Point

・債権譲渡は、債務の履行が難しくなった債務者から債権を回収する手段の一つです。
・債権譲渡の留意点は、複数の関係者間の権利関係を把握することです。
・譲り受けた債権の有効性を確実にするための手続について理解しましょう。

1 債権譲渡とは

「債権譲渡」とは、債権者が自らの意思によって、自分の持つ債権を、そのまま他人に譲渡することを言います。

債務者に信用不安が発生した場合でも、売掛金債権や貸金債権、あるいは将来の賃料債権などの指名債権（債権者が特定している債権）がまだ債務者に残っていることがあります。その場合は、債務者からこれらの債権を譲り受け、その債権の債務者（第三債務者）から直接回収する方法を検討すべきです。

債権は、自由に譲渡できるのが原則です。そして、譲渡により元の債権が移転すると、付随する利息・違約金債権や担保権、保証債権も原則として一緒に移転します。例外的に譲渡ができないのは、性質上又は法律上、譲渡が禁止されている債権と、当事者（債権者と債務者）が譲渡禁止特約を付けた債権です。後者の譲渡禁止特約がある場合、譲渡は無効ですが、特約を知らないで譲り受けた者には有効です。ただし、2020年4月に改正民法が施行されると、譲渡制限特約があっても、債権譲渡は有効になります（Q31参照）。

2 譲渡の際のポイント

債権譲渡を受ける際は、①債権の存在と内容を調べること、②譲渡禁止の有無を調べること、③債権譲渡契約書を作成し、譲渡債権の債権証書があればその交付を

第3章　事業活動に関する法律と制度　　83

受け、次に説明する対抗要件を備えることがポイントとなります。

3 ┃ 対抗要件が最重要

　指名債権の譲渡では、譲受人が第三債務者から取り立てるにも（債務者対抗要件）、他の第三者（競合する譲受人、差押え債権者等）に自分の債権譲渡を優先させるためにも（第三者対抗要件）、対抗要件の具備が不可欠で、これをいかに早く備えるかが最重要ポイントです。

4 ┃ 対抗要件の種類

　現在、対抗要件には、次の種類があります。

(1) 債務者対抗要件

　債権を譲渡した場合、その債権の譲受人が債務者に対して自分が債権者であることを主張（対抗）するためには、次のいずれかが必要です。

　①譲渡人から債務者に対して債権譲渡の事実を通知すること
　②債務者の承諾を得ること

(2) 第三者対抗要件

　債権譲渡の事実を他の第三者に対して主張（対抗）するには、(1)の①又は②を、確定日付のある証書によって行う必要があります。

(3) 債権譲渡登記

　動産・債権譲渡特例法により、2008年10月から法人による金銭債権の譲渡が認められました。この登記が第三者対抗要件になりますが、債務者対抗要件としては、別途「登記事項証明書」の通知又は債務者の承諾が必要です。

5 ┃ 他の債権者との優劣

　債権者間の優劣は、対抗要件具備の先後で決まります。債権譲受人同士では、通知到達日時（確定日付の先後でない）又は承諾に確定日付を取った日時、登記受付日時の先後で決まり、差押え債権者との間では、第三債務者への差押え命令の到達日時又は到達確定日時、登記受付日時の先後で決まります。

支払督促による債権回収

Q36 債権回収する場合に、支払督促は裁判所の手続が簡単だと聞いています。支払督促とはどのようなもので、どのようなメリットがあるのでしょうか。

A36
Point

・支払督促では、訴訟のように審理のために裁判所に赴く必要がありません。
・裁判所の書式に沿って申立手続が行われれば、裁判所の命令が得られる可能性があります。
・裁判所に納付する手数料も、普通の裁判の約半分ですみます。

1 支払督促とは

「支払督促」とは、金銭等の請求について債権者側だけの言い分に基づいて簡易裁判所が支払いを命ずる処分で、債務者から異議の申出がなければ、判決と同様に強制執行まで行うことができます。非常に迅速で、訴訟の簡素版と思っても大きな間違いではありません。

2 支払督促の特徴

利用に制限はあるものの、簡易迅速で費用が安いのが最大の特徴です。利用できる債権としては、金銭その他の代替物、有価証券の給付を請求するものに限られます。実際には、金銭債権がほとんどです。請求金額の大小を問わず、すべて簡易裁判所の管轄です。

書類審査だけなので、手続は簡単です。この段階では立証が要求されず、債権者は審理のために裁判所に出頭する必要はありません。債務者から異議の申出がない限り、早ければ申立てから1ヵ月前後で仮執行宣言が発布され、その後強制執行ができます。

ただし、債権の存否や内容に争いがあり、債務者から異議が出ることが強く予想される場合は、最初から訴訟を提起するのが得策です。異議が出てから訴訟に移行していては、時間がかかってしまいます。

3 ┃ 支払督促手続の流れ

⑴ **支払督促の申立て**

　支払督促の申立てをするときは、債権者が支払督促申立書を相手の住所地の簡易裁判所に提出します。手数料は、訴訟の場合の半額程度です。郵送やオンラインシステムを利用した督促手続方法もあります。

⑵ **支払督促の送達**

　申立書を受理した書記官は、その内容を形式審査し、支払いを命ずる旨の支払督促を送達します。支払督促正本は債務者のみに送達され、債権者には通知書が送られてきます。支払督促は、債務者への送達により効力を生じます。

⑶ **督促異議の申立て**

　債務者は、請求を争う場合、支払督促の送達後2週間以内に督促異議を申し立てることができます。この異議が出ると、支払督促は失効し自動的に通常訴訟に移行します。移行する裁判所は、請求額に応じてそのまま相手の住所地の簡易裁判所（140万円以下）か地方裁判所（140万円超）になります。

⑷ **仮執行宣言の申立て**

　2週間以内に債務者から異議が出ない場合、債権者は、30日（計44日）以内に仮執行宣言の申立てをしなければなりません。これを怠ると、支払督促は失効してしまいます。

⑸ **仮執行宣言の発付**

　仮執行宣言申立ての審査後、書記官は支払督促に仮執行宣言を付し、その正本を当事者双方に送達します。2週間以内に異議申立てがない場合、仮執行宣言付支払督促が確定します。

⑹ **督促異議の申立て**

　仮執行宣言前と同様、債務者が支払督促の送達後2週間以内に督促異議を申し立てた場合は、訴訟に移行します。しかし、この段階の異議では仮執行を停止できず、別途執行停止の裁判が必要です。

民事調停による債権回収

Q_{37} 民事調停による債権回収は、調停が成立したときには判決と同じ効果があると聞きました。便利な制度だと思えますが、何か問題点はないのでしょうか。

A_{37}

Point

・*民事調停は、成立すれば強制執行までできるという意味では、判決と同じ効果があります。*
・*簡単な手続で解決を図ることができますが、当事者が出席しない場合、調停は不成立になることもあります。*

1 民事調停とは

「民事調停」とは、広く民事上のトラブルについて、当事者が裁判所の調停委員会の仲裁のもとで、話し合いによる解決を目指す手続で、合意が成立すると、判決と同様に強制執行までできる効力を生じます。簡易迅速な手続で費用も安くすみ、円満で柔軟な解決ができる点にメリットがあります。

民事調停の手続は、訴訟と比べると非常にシンプルです。最初に簡単な申立書等を提出すれば、その後の調停期日に口頭で説明や意見を述べるだけで良く、通常訴訟のように準備書面を作成する必要はありません。弁護士に頼まず、債権者自身で進めることが可能です。裁判所に出向く間隔は約1ヵ月で訴訟と変わりませんが、少ない回数で解決することが多く、早い解決も期待できます。

2 民事調停のメリット・デメリット

⑴ 民事調停のメリット

民事調停のメリットは、申立手数料が訴訟より安く、自分でやれば弁護士費用もかからないことです。話し合いによる合意が基本となり、円満な解決が期待できます。小さな部屋で非公開の手続により行われるので、トラブルを内密に解決できるのもメリットです。柔軟かつ債務者も納得した内容での解決が図られますから、調停内容につき任意の履行が十分期待できますし、万一不履行でも、直ちに強制執行

ができます。

⑵ 民事調停のデメリット

デメリットとして、話し合いによる合意解決を目指す手続であることから、相手方の債務者が裁判所からの呼出しに応じなければ利用できません。不出頭の場合でも、制裁（5万円以下の過料）が課されることは稀であり、訴訟の欠席判決のような制度もありません。また、必ず調停が成立して解決するという保証もありません。相手方に一定レベルの知識や経験があると、意図的に出頭しない場合もありますが、弁護士が入ることで訴訟も辞さない決意が伝わり、出頭につながる可能性もあります。

いずれにしても、民事調停の場合、首尾よく進んだとしても解決内容も中間的なものになり、100％の債権回収ではなく、何らかの譲歩を求められます。

3 ┃ 利用する基準

民事調停の利用を考えるべきなのは、次に掲げるようなケースです。

- ・できるだけ話し合いにより円満に解決したいが、当事者だけの交渉ではうまくいかないようなケース
- ・合理的に、早く、安く解決したいケース
- ・債務者が債務は認めているが、支払能力がないので、ある程度譲歩（減額、猶予、分割など）して回収した方が得策なケース
- ・当事者間で合意ができているが、より確実性を担保したいケース

しかし、債務者に誠意がなく逃げ回っているなど、調停にも出てこない可能性がある場合や、債権の内容等に深刻な争いがあり、話し合っても合意が成立する可能性が低い場合などは、訴訟など別の手段を選択すべきです。民事調停でまとまらないときは、調停不成立（不調）として手続が終わります。

4 ┃ 申立方法と申立先

調停申立書の用紙の正本・副本に必要事項を書き入れ、正本に収入印紙を貼り、予納郵便切手・添付書類とともに提出（郵送も可）します。

申立先（裁判所の管轄）は、原則として相手方の住所や営業所等のある場所の簡易裁判所です。ただ、当事者双方が合意すれば、その他の簡易裁判所や地方裁判所でも可能であり、さらに地代・家賃や交通事故の案件については、特別な管轄もあります。

仮差押えによる債権保全とは

Q_{38} 仮差押えを利用すれば、裁判を起こす前に、相手の財産を差し押えることができるのでしょうか。利用する際の手続についても教えてください。

A_{38}

Point

・仮差押えとは、金銭債権の執行の保全を目的として、財産処分に制約を加える裁判所の決定のことです。
・仮差押えは訴訟提起前の債権保全手続ですが、この手続自体が和解の気運を生み、任意の債権回収が可能になるという効果も期待できます。

「仮差押え」とは、売掛金、手形金などの金銭債権について、裁判等に基づく将来の強制執行を保全する（相手方の破産や財産の隠匿などに備える）ために、裁判所の命令により相手方の財産を仮に差し押えて確保する制度です。

1 │ 仮差押えの要件とメリット・デメリット

(1) 仮差押えの要件

仮差押えには、次の二つの要件があります。

①保全されるべき金銭債権を有していること（請求権の存在）

②仮差押えしなければならない必要性があること（保全の必要性）

(2) 仮差押えのメリット

債務者の財産処分が禁じられ、将来の強制執行による回収が確保されます。このような執行保全の効力を、簡易迅速な手続で実現できるのが、仮差押えの最大のメリットです。

また、仮差押えには、執行保全の他に、債務者にインパクトを与え、不誠実な債務者を交渉に引き出したり、弁済を促したりする効力があります。これは、債務者が困るようなタイミングと目的物を選ぶことによって、特に効果が大きくなります。例えば、営業に必要な原材料や在庫商品（消費、譲渡できない）、銀行預金（引き出せない、銀行に知られる）、給料（一部もらえない、勤務先に知られる）等に対する仮差押えは、大きな効果を生み、仮差押えだけで問題が一挙に解決してしま

うこともあります。

⑶ 仮差押えのデメリット

いずれは戻ってくるにしても、当初、高額な保証金を用意しなければなりません。保証金は、安易な申立ての抑止や誤った申立てに起因する損害賠償に備えるための担保金です。

2 ┃ 仮差押えの申立手続

⑴ 仮差押えの申立先と費用

申立先は、その金銭債権の回収につき裁判をする場合の簡易裁判所か地方裁判所、あるいは、仮差押え対象物の所在地（動産・不動産はそれがある場所、債権はその債権の債務者の住所地）の地方裁判所です。

費用は、申立手数料として2,000円の収入印紙を貼る他、数千円程度の予納郵券が必要です。また、不動産の場合は仮差押え登記のための登録免許税（請求債権額の4/1,000）も必要です。そして、仮差押え命令の前に、担保金（目的物価格の2～3割程度が多い）を積む必要があります。担保金は、法務局（供託所）に供託するか、銀行の支払保証委託契約により行います。

⑵ 仮差押えの手続の流れ

債権者が管轄裁判所に申立書を提出すると、書記官が受付書類の形式審査をした後、裁判官との面接が行われます。仮差押えの場合、裁判官は債権者の提出した疎明資料（裁判官に債権の存在や保全の必要性を示す資料）と面接時の説明だけで仮差押えの可否を判断します。

仮差押えを認める場合は、担保金の金額を申立人に伝え、それを法務局に供託するように指示します。裁判所は、担保金が供託されたことを確認すると仮差押え命令を発令し、正本を債権者に交付します。このあと、債務者や第三債務者への仮差押え命令送付、仮差押えの執行という流れになります。

なお、保全処分には、「仮差押え」と「仮処分」がありますが、このように金銭債権を保全するためには、仮差押えを使います。不動産の明渡しや登記手続、動産の引渡しなど、金銭債権以外の債権を保全する場合が仮処分です。

即決和解による債権回収

 現在協議中の債権について、債務者と一応の合意はできているのですが、即決和解ができればより確実だと聞きました。即決和解は、通常の和解とどう違うのでしょうか。

Point

- *即決和解とは、訴訟提起前に簡易裁判所の介入により和解内容を調書にしてもらうことで、和解の効力を確実にするものです。*
- *当事者間で大筋の合意ができているとき、すなわち、相手の積極的な協力が期待できる場合に適しています。*

1 即決和解（起訴前の和解）とは

「即決和解」とは、訴訟提起前に簡易裁判所に対して和解の申立てを行い、裁判所で成立した和解の内容を調書に記載してもらうことです。これにより、債務名義となり、裁判を経ずに、強制執行が可能になるのです。

2 和解の種類と効力

当事者がお互いに譲歩して、争いをやめることを「和解する」と言います。和解には、次の三つがあります。
　①一般に「示談」等と言われている当事者間での話し合いによる紛争の解決（和解契約）
　②即決和解（起訴前の和解）
　③訴訟途中に行われる裁判上の和解
　示談と呼ばれる和解契約は、裁判で債務名義を取得しなければ強制執行はできませんが、即決和解、裁判上の和解は判決と同じ効力があり、債務名義として強制執行ができるという違いがあります。

3 即決和解のメリット

即決和解のメリットとしては、次のような点があげられます。

第3章　事業活動に関する法律と制度　91

①裁判を経ずに債務名義として強制執行ができるため、費用と時間が節約できる。当事者間で大筋の合意ができているとき、すなわち、相手が争っておらず、積極的な協力が期待できる場合に適している。

②執行力を付ける請求に制約がない。土地建物の登記や明渡し、譲渡担保物件の引渡しなどにも利用できる。

4 | 即決和解の手続

(1)　申立先

原則として、相手方の住居（主たる営業所等）の所在地の簡易裁判所に申し立てます。ただし、双方の合意があれば管轄合意書を申立書に添付して、他の簡易裁判所に申し立てることもできます。

(2)　申立方法

即決和解申立書を正本と副本の計2通（相手方1名の場合）作成し、提出（郵送可）します。手数料として、収入印紙2,000円を正本に貼ります。また、若干の郵便切手を予納することが必要です。当事者に法人がいる場合は、履歴事項全部証明書（商業登記簿謄本）も添付します。

(3)　手続の流れ

申立てが受理されると、期日が決まり、相手方に申立書副本と期日呼出状が送られます。期日は通常1ヵ月後ですが、裁判所によっては1～3ヵ月後と幅があるようです。和解期日は、通常1回で終わります。当事者、特に相手方及び和解内容の確認が主で、問題がなければごく短時間で終わります。

和解が成立すると、和解調書が作成され、これは確定判決と同じ効力を持ちます。したがって、和解内容が守られなかった場合には、直ちに強制執行ができます。しかし、当事者が不出頭又は期日に合意ができなかった場合は、この手続は終了します。この場合、1ヵ月以内に訴訟提起すれば、和解申立時に時効が中断したものとされます。

少額訴訟による債権回収

Q40 数十万円の債権が回収できないのですが、訴訟を起こすと割に合わなくなりそうです。安い費用で訴訟が起こせる少額訴訟制度について教えてください。

Point

- *少額訴訟は60万円以下の金銭請求の場合に限られますが、手続が簡単なので、自分でやれば弁護士費用がかからず、迅速に強制執行まで持っていけます。*
- *被告の拒否や判決で負けた側の異議により、通常訴訟に移行する可能性があります。*

1 少額訴訟とは

1998年から認められた新しい訴訟方法に、「少額訴訟」があります。これは、市民間の小さな金銭トラブルを、簡易迅速に安く解決するための訴訟制度です。それまで、訴訟をしていたのでは割に合わなかった少額な事件でも、訴訟で解決できる道が開かれたのです。

一方で、少額訴訟では反訴が禁止されているため、相手方は争いを希望して通常訴訟へ移行させることが可能です。このような場合、最初から訴訟をした場合に比べて、時間と費用を浪費してしまう可能性もあります。

2 少額訴訟の特徴

少額訴訟は、請求金額などに一定の制限はありますが、非常に早く、安く、判決による解決ができます。対象は、60万円以下の金銭請求のトラブルに限られます。利用できるのは個人、法人を問いませんが、金融業者などが多用するのを防ぐため、同じ裁判所では年間10回までという回数制限があります。手続は簡単で、自分で行えば弁護士費用がかからず、安く判決が得られます。

勝訴判決には必ず仮執行宣言が付くので、すぐに強制執行が可能です。ただ勝訴判決でも、被告の資力不足などの事情がある場合、和解的な内容になる可能性があります。つまり、裁判所は、3年以内の支払猶予や分割払いを定め、支払いが無事

完了したときは、訴え提起後の遅延損害金を免除する旨の条件付判決にすることができるのです。

　呼出しを受けた被告が出てこない場合は欠席判決もありえますが、被告が所在不明で呼出しもできない場合、公示送達（裁判所が掲示場にその旨を一定期間掲示することで、送達の効果を生じさせる方法）で手続を進めることはできません。申立先（裁判所の管轄）は、通常訴訟の場合と同様、原則として、相手方の住居（主たる事務所）の所在地の簡易裁判所となります。

3 | 少額訴訟の手続

(1) 訴状の提出と受理

　原告として、債権者が訴状を簡易裁判所に提出し、受理されると、第1回口頭弁論期日が指定され、双方に連絡されます。このとき、債務者である被告には、訴状副本、期日呼出状、少額訴訟手続の説明書などが送られます。そして、被告が答弁書を事前に提出し、これによって明らかになった争点を巡って、双方が証拠書類と証人を準備します。

(2) 口頭弁論期日

　少額訴訟では、原則として、口頭弁論期日に通常訴訟での口頭弁論から証拠調べ、判決言渡しまで一度にやってしまいます。したがって、双方は、当日、自己の言い分を裏付けるすべての証拠書類を持参し、証人全員を連れて裁判所に出向く必要があります。ただし、証人が出てこられない場合に電話会議システムで尋問することもあります。

　なお、被告がこの訴訟前や訴訟当日に少額訴訟手続を拒否すると、通常訴訟に移行してしまいます。

(3) 判決の言渡し（即日）

　証拠調べ後に結審し、その場で直ちに判決が言い渡されます。この判決に対し、敗訴した側は控訴ができず、2週間以内に異議の申立てができます。異議申立てがあると通常訴訟に移行し、後日、同じ裁判所で審理が続けられます。異議が出なければ、判決は確定して争えなくなります。判決が債権者勝訴の場合、必ず仮執行宣言が付くので、確定前でも直ちに強制執行をすることが可能です。

民事訴訟による債権回収

Q41 債権回収において、訴訟を利用することのメリット・デメリットは何でしょうか。また、簡易裁判所が扱う訴訟と地方裁判所が扱う訴訟には、どのような違いがあるのでしょうか。

A41
Point

- 通常訴訟の最大のメリットは、和解も含め何らかの形で決着がつくことです。
- デメリットは、その他の手続に比べ、費用、時間、手間がかかることです。
- 請求金額が140万円以下の事案は、簡易裁判所が取り扱います。

1 訴訟とは

「訴訟」の最大の特徴は、強制的で最終的な解決方法であることです。交渉はもちろん、民事調停や即決和解でも、債務者が解決方法を最終的に受け入れなければ、それ以上に強制することはできません。支払督促も、債務者が異議を出せば失効し、訴訟に移行していきます。しかし、訴訟では、債務者が呼出しを無視すれば敗訴の欠席判決が出ますし、当事者が納得しようとしまいと、最後には判決という形で黒白の決着（裁判上の和解を含みます）がつきます。

2 通常訴訟の種類と取扱い裁判所

金銭の貸し借り、不動産取引、動産売買の問題など、市民にとって身近な事件の解決を図る民事訴訟は、特殊なものを除き、「通常訴訟」と呼ばれます。

通常訴訟のうち、140万円以下の請求訴訟は簡易裁判所（以下、「簡裁」）で行い、それを超える金額については地方裁判所（以下、「地裁」）で行います。簡裁の訴訟は、特殊な少額訴訟（60万円以下）と手形訴訟(注)（140万円以下）を選んだ場合以外、通常訴訟になります。また、民事調停や即決和解が成立しない場合、支払督促、少額訴訟、手形訴訟で異議が出された場合にも、140万円以下なら簡裁の通常訴訟になります。

(注) 手形訴訟とは、手形金・小切手金の支払いやこれに付帯する法定利率による損害賠償を請求する訴訟のことを言います。

3 | 簡易裁判所の通常訴訟の特徴

　少額のトラブルを市民に親しみやすい簡易迅速な手続で解決することを目指す簡裁では、通常訴訟にも次のような特徴があります。

・地裁と比べると原告が自ら行う場合が多く、事件が複雑でなければ、審理期間も短くなること（2〜3ヵ月）が期待できる。

・法律上は口頭でも訴えが提起できるが、実際には、主張内容の正確な把握や記録、上訴などを考慮して、訴状を作成する。訴状の用紙やサンプルは裁判所に用意されており、簡単に作成できる。また、2回目以降の期日において、準備書面を出しておけば、一方が欠席しても、その記載内容を述べたものとして手続が進む。

・和解などに、司法委員という民間人が立ち会う場合がある。

・地裁では、原則として弁護士でなければ訴訟代理人になれないが、簡裁では、裁判所の許可があれば弁護士以外の者でも訴訟代理人になれる。

・判決後の控訴審は地裁になる。

4 | 通常訴訟のメリット・デメリット

　通常訴訟のメリットとしては、①債務者の態度、協力の有無に関係なく、最終的には必ず決着がつくこと、②勝訴判決をとれば強制執行ができ、任意の弁済も期待できること、③権利が確定されれば、短期消滅時効が10年に延長されるので、将来債務者に資産ができたらすぐ執行できること（2020年4月に改正民法が施行されれば、短期消滅時効はなくなり、債権の消滅時効は一律で実質5年となります）、④途中で裁判上の和解の機運が生まれること、などがあげられます。

　逆にデメリットとしては、①本人訴訟が困難で、弁護士に依頼しなければならなくなる場合が多いこと、②強硬手段であるがゆえに、債務者との関係、特に将来の取引関係等が断絶するおそれが強いこと、③敗訴により債権を失う危険があること、などがあげられます。

3.3　保証、銀行借入れ、手形・小切手の知識

保証人になる前に知っておくべきこと

中小企業の社長です。私が連帯保証人になって、保証協会付制度融資を受けたいと思っていますが、連帯保証人と保証人はどう違うのでしょうか。また、根保証とは何でしょうか。

A42
Point

- 債権者に対し、債務者と同等の債務を負担する義務を、保証債務と言います。
- 債務者と同一の債務を負担する保証人を、連帯保証人と言います。
- 一定の範囲で継続的に発生する不特定の債務を包括的に保証することを、根保証と言います。

1 | 保証とは

　「保証」とは、債務者と同様に、債権者に対する債務の履行を約束することを言います。銀行融資の例なら、銀行から融資を受けた者に代わって返済する義務を負うということです。この義務のことを保証債務と言い、義務を負う者を保証人と呼びます。保証債務は、保証人と債権者の契約により発生します。保証契約は、書面で交わす必要があります。

　保証は、不動産等の物的担保に対して人的担保とも言われ、債務者以外の者に債務を負担させるものです。ここでは、保証を二つの観点で分類し、保証人となる場合、留意しなければならない点を整理してみましょう。

2 | 保証の責任形式による分類と特徴

　主たる債務者の弁済不能時に限り、2次的に履行の義務が生じるかどうかにより、「（単純）保証」と「連帯保証」に分かれます。

　主債務者が返済不能になった場合に、単純保証では、保証人に弁済請求をする前に、主債務者への請求や財産等の差押えなどによる回収の主張が可能です。また、複数の保証人がいる場合（共同保証）は、保証人間で頭割りするよう主張することもできます。連帯保証の場合は、これらの主張をする権利が一切ありません。

第3章　事業活動に関する法律と制度　　97

図表3－3－1　保証の責任形式による分類（民法上の保証分類）

保証の種類	保証の内容	特　徴
保証 （単純保証）	主債務者の個別債務を、債権者に対し保証する。	催告の抗弁権[*1]、検索の抗弁権[*2]が与えられ、分別の利益[*3]がある。
連帯保証	主債務者と連帯して債務を負う。主債務者と同等の返済義務がある。	催告の抗弁権、検索の抗弁権、分別の利益がない。
共同保証	保証人を複数設定すること。	共同保証人には、分別の利益がある。ただし、共同保証人のうち、1人又は数人が連帯保証人になった場合、連帯保証人各人が、主債務の全額を保証する。

＊1　催告の抗弁権：保証人が債権者に対して、まず主たる債務者への履行請求を求めること
　2　検索の抗弁権：保証人が債権者に対して、まず主たる債務者の財産への執行を求めること
　3　分別の利益：複数保証人の場合、債権者に対する債務負担が保証人間で按分されること

　なお、共同保証における単純保証人と連帯保証人の関係も同様です。図表3－3－1に、責任形式の観点から保証を分類しました

3 ｜ 保証の対象とされる債務の観点による分類

　保証債務の対象を特定するか、一定の範囲で継続的に発生する不特定の債務を包括的に保証するのかという基準で保証を分類すると、「特定債務保証」と「根保証」に分かれます。図表3－3－2に、対象債務の観点から保証を分類しました。

　根保証契約は、中小企業に対する融資で多用されていますが、無制限の保証の負担が問題視され、包括根保証に関する民法の規定が改正された経緯があります。

図表3－3－2　保証の分類（保証の対象とされる債務による分類）

保証の種類	特　徴
特定債務保証	特定の債務だけを保証するもの。保証の期間、金額・金利などを設定する。
根保証	・継続した取引から発生する一定の範囲内に含まれる不特定多数の債務を主な債務として保証するもので、書面で行わなければならない。 ・主債務者のすべての債務につき、期間、金額の片方若しくは両方を保証する。 ・金額については、保証の極度額を定めなければ、効力が生じない。 ・期間については、契約で元本確定期日を定める場合5年以内、定めない場合及び5年を超える場合の期日は無効となり、3年経過日で元本が確定する。 ・債務者や保証人に強制執行、破産手続開始、死亡があった場合も元本が確定する。 ・極度額と期間のいずれか又は両方に制限はあるが、債務額の実態を継続的に正しく把握することが現実的には難しく、危険な保証形態である（極度額の設定義務や保証期間に関する規定は、主たる債務の範囲に融資が含まれ、かつ保証人が個人の場合に限定されている）。

銀行取引約定書中の期限の利益喪失条項について

Q 43
銀行から継続的融資を受ける際に締結する銀行取引約定書の中にある期限の利益喪失条項の意味について、わかりやすく教えてください。

A43

Point

・銀行取引約定書は、融資取引に関する基本的な事項を規定するものです。
・期限の利益とは、約定期限までは一括返済に応じなくてもいいという債務者の利益のことを言います。
・期限の利益を喪失すると、残金を直ちに一括返済しなければならなくなります。

1 ┃ 銀行取引約定書とは

　「銀行取引約定書」は、法人や個人事業主が銀行と継続的融資取引を開始する際に締結する基本約定書です。金融機関により、信用金庫取引約定書、信用組合取引約定書などとも呼ばれます。その名称から、金融機関との取引のすべてに適用される約定書のように想像しますが、実際には、融資（与信）取引に関係する基本的な法律関係について規定するものです。融資取引には、支払承諾約定書、商業手形担保約定書など、固有の約定書もあります。

　銀行取引約定書は、1962年8月にはじめて全国銀行協会（全銀協）からひな型が発表され、各銀行が採用しました。同様に、全国信用金庫連合会（全信連、現・信金中央金庫）から信用金庫取引約定書ひな型が発表されましたが、基本的内容に違いはありません。債務者が金融機関に差し入れる方法から、両者が調印し、正本を2通作成した上、それぞれ1通保管するやり方に変わってきました。

　なお、2000年4月、全銀協は銀行取引約定書ひな型を完全に廃止すると発表しました。以降、各金融機関は、従来のひな型を使用禁止にするのではなく、独自判断で改正して使用しています。

2 ┃ 取引約定書の構成例と期限の利益喪失条項

　取引約定書は、おおむね、当該約定書の適用範囲、取引に伴う利息・損害金、担

保の提供と取立て・処分、期限の利益喪失、割引手形の買戻し、債務と預金等との相殺などについての条項により構成されています。この中で、延滞などの不測の事態を想定して確認しておくべき項目が、「期限の利益喪失」条項です。

期限の利益喪失とは、返済期限までは返済請求に応じる必要がないという、債務者の利益（期限の利益）が失われることです。期限の利益が失われると、返済期限前でも返済しなければならなくなります。

複数の金融機関（銀行、信用金庫）の取引約定書をもとにして、期限の利益喪失条項の要点を整理したものを、図表3－3－3に示します。なお、個別のケースについては、金融機関の融資担当者又は専門家に相談してください。

図表3－3－3　期限の利益喪失条項の代表例
（債務者を甲、金融機関を乙とする）

第○○条　期限の利益の喪失	要　点
1．次の場合、乙からの催告等がなくても甲は当然に期限の利益を失い、直ちに債務の弁済をしなくてはならない。 ①支払いの停止又は破産手続開始、民事再生手続開始、会社更生手続開始若しくは特別清算開始の申立てがあったとき ②手形交換所又は電子債権記録機関の取引停止処分を受けたとき ③甲又はその保証人の預金等に仮差押え、保全差押え又は差押えの命令、通知が発送されたとき	①～③の事象が発生した時点で、契約的には自動的に一括返済義務が生じることを意味します。
2．次の場合、乙の請求によって期限の利益を失い、直ちに債務の弁済をしなくてはならない。 ①甲が乙に対する債務の一部でも履行を遅延したとき ②担保の目的物について差押え又は競売手続の開始があったとき ③甲が乙との取引約定に違反したとき ④甲の振出し又は引受けの手形に不渡りがあり、かつ甲が発生記録における債務者である電子記録債権が支払不能になったとき（不渡り及び支払不能が6ヶ月以内に生じたものに限る） ⑤乙に対する甲の保証人が前項又は本項の各号の一つにでも該当したとき ⑥甲の所在が不明となり、乙から甲にあてた通知が、届出の住所に到達しなくなったとき（住所変更の届出を怠るなど、甲の責任によって請求が延着若しくは到達しなかった場合は、通常到達すべきときに期限の利益が失われたものとする） ⑦本項各号のほか、乙の債権保全を必要とする相当の事由が生じたとき	①～⑦の事象が発生し、かつ銀行から請求があった場合は、一括返済しなければならなくなります。逆に言うと、銀行からの請求があるまでは、期限の利益は喪失していません。

出典：複数の金融機関の取引約定書の内容を筆者が統合した上で編集

手形の振出しと受取り

商売をしていると、現金のほかに、手形で決済しなければならない場合があります。手形を振り出すときと受け取るときの留意点を改めて教えてください。

Point

- ・約束手形には、*必須の記載事項として9項目の手形要件があります。*
- ・*手形要件の一部が空白になっている手形は白地手形と呼ばれ、受渡しに際しては注意を要します。*
- ・*条件付き支払いなどの不適法な記載をすると、手形自体が無効になります。*

手形と呼ばれるものはいくつかありますが、ここでは実務上最もよく使われる「約束手形」に絞って説明します。

1 手形を振り出すときの留意点（手形要件）

約束手形（以下、「手形」）には、必ず記載しなければならない九つの事項があります。これを「手形要件」あるいは「絶対的記載事項（又は必要的記載事項）」と

図表3-3-4　手形要件（絶対的記載事項）

手形要件	説　明	統一手形用紙
約束手形文句	約束手形であることを示す文言	印刷済
手形金額	支払う金額。チェックライターか漢数字で記載（金額欄の訂正は認められない）	
支払約束文句	一定の金額を支払うことを約束した文言	印刷済
満期	支払期日	
支払地	支払いをする場所を最小行政区画で表示（取引銀行名（支払場所）の記載は手形要件ではない）	印刷済
受取人	手形を受け取る人の氏名又は会社名	
振出日	手形を振り出した年月日	
振出地	手形振出人の住所	
振出人	手形振出人の署名又は記名押印（法人の場合、会社名、代表資格、代表者名を記載する）	

呼びます。そのうち、三つの事項はあらかじめ用紙に印刷されていますので、残り六つを記載すれば要件を満たします。九つの要件を、**図表3－3－4**に示しました。

2 白地手形とは

手形要件の一部が空白になっている手形を、「白地手形」と言います。商習慣上、「受取人」、「振出日」、「支払期日」、「金額」の四つは空白でも有効な手形と認められることもありますが、銀行等の当座勘定規定では、「支払期日」と「金額」は必ず記入し、「受取人」、「振出日」についても、記入を推奨しています。

白地手形のうち支払期日が白地のものは、支払日がいつになるかわからないため、危険な手形です。また、金額が白地のものは、金額をいくらでも変えられるため、最も危険な手形です。白地手形には、このような危険が伴いますので、取扱いに細心の注意を要します。基本的には、利用しないことが望ましいでしょう。

そもそも、白地手形は振出人・受取人の合意で振り出すものです。振出人から補充権を与えられた受取人は、その意思に従って白地部分を補充する必要があるのです。

3 手形に書いてもいい事項と書いてはいけない事項

前述した絶対的記載事項（必要的記載事項）に対し、記載するかしないかを振出人の判断に任せる「任意的記載事項」があります。さらに、任意的記載事項には、法律的にその記載の効力が認められる「有益的記載事項」、支払条件や手形債務を不確定にする記載など効力が認められないばかりか手形自体が無効になる「有害的記載事項」、何の効力もなく手形も無効にならない「無益的記載事項」があります。

4 手形を受け取るときの留意点

手形を受け取るときの主なチェックポイントを、**図表3－3－5**に示します。

図表3－3－5　手形を受け取るときのチェックポイント

チェック項目	チェック内容
手形要件の確認	・統一手形用紙を使用しているか ・手形要件は充足しているか（白地の箇所がある場合は、理由を確認し適宜対処する） ・振出日と支払期日の日付が前後していないか
有害的記載	手形が無効になるような有害的記載（例：「商品と引き換えに」）がないか
裏書の連続	裏書が連続しているか（詳細は、Q45参照）
収入印紙	収入印紙が貼ってあり、消印されているか。印紙税額は正しいか

手形の裏書について

Q_{45} 受け取った手形を他の取引先への支払いに使うには、どのようにすればいいのでしょうか。そのための手続や留意事項を教えてください。

A_{45}

Point

・受け取った手形は、裏書譲渡により支払い等にあてることもできます。
・裏書譲渡をするには、裏書文句と裏書人の記名・捺印の2要件が必須です。
・裏書要件に加えて、裏書の連続や有害的記載事項などにも留意が必要です。

取引先などから受け取った手形は、他人に譲渡することもできます。ここでは、そのための手続として、手形の「裏書譲渡」について説明します。

1 ┃ 手形の裏書譲渡とその要件

手形の裏書譲渡とは、支払いにあてるため、取引先から受け取った手形を裏書という方法によって、他の取引先へ譲渡することです。正式な裏書として認められるための要件（裏書要件）は、裏書文句、裏書人の署名又は記名・捺印（以上は必須）、被裏書人（必ずしも必須ではない）の三つを正しく記入することです。統一手形用紙の裏面に裏書欄が印刷されていますので、そこに裏書要件を記入します（**図表3－3－6**）。

三つの裏書要件が満たされている裏書を「記名式裏書」、被裏書人を記入していない裏書を「白地式裏書（又は略式裏書）」と呼びます。白地式裏書の場合、手形の所持人が手形上の権利者になります。

2 ┃ 裏書の連続とは

裏書によって、裏書人から被裏書人に手形上の権利が移転します。手形は、裏書が連続することで支払責任が明確になるという前提で流通するものです。裏書が連続していない手形を銀行に持ちこんで取立てを依頼しても、裏書不備を理由に不渡り返還されます。

なお、被裏書人の記入がない場合は連続しているものとみなされます。

第3章　事業活動に関する法律と制度　　103

図表3－3－6　裏書要件とその他の記載内容

裏書要件	説　明
裏書文句	「表記金額を下記被裏書人又はその指図人へお支払いください」という文言（統一手形用紙には印刷済）
裏書人の署名（記名・捺印）	個人なら氏名、法人なら会社名・代表資格・代表社名を書く。押印する印鑑は銀行届け印でなくてもよい
被裏書人名	個人なら氏名、法人なら会社名だけを書く。これが記載されていない裏書も白地式裏書として有効
日付欄	裏書の日付は記入しなくても有効。記入する場合は振出日以降、支払日以前の日付にするのが一般的
拒絶証書不要文言	手形所持人が振出人から支払いを拒絶された場合、裏書人に手形代金を請求する（遡及）には、公証人が振出人から支払いを拒絶された旨を証明する拒絶証書が必要。拒絶証書不要とは、この証書がなくても支払銀行の不渡りの付箋が貼られていれば、支払いに応じるという意味
裏書人住所	裏書人の住所を記載しなくても裏書自体は有効。ただし、記載がないと不渡り時の通知を受けられなくなるので、記載するのが一般的
目的	無担保裏書、裏書禁止裏書、取立委任裏書の場合だけ記入（ほかは記入する必要はない）
その他の記載事項	無益的記載事項は記入しても何の効力もなく、裏書自体が無効になることもない。有害的記載事項（例：手形金額の一部だけを譲渡する条件をつけるなど）は裏書自体が無効になるので要注意

3　裏書手形を受け取るときの留意点

　裏書手形を受け取るときには、Q44の図表3－3－5に加えて、図表3－3－7にあげた項目を確認してください。一つでも該当する場合は、受け取るべきではありません。

図表3－3－7　裏書手形を受け取るときの留意点

チェック項目	チェック内容
譲渡禁止	譲渡禁止で振り出された手形ではないか
裏書人欄	記名・押印はあるか。法人の場合、会社名・代表者資格・代表者名が記載されているか
被裏書人欄	法人の場合、会社名が書かれているか
支払期日	支払期日が経過していないか
裏書の連続	記名式裏書の場合、裏書が連続しているか（裏書が連続していないと不渡りになる）
裏書禁止裏書	目的欄に「裏書禁止」、「無担保」と書かれていないか
有害的記載	裏書が無効になるような有害的記載事項（例：「商品納入後」、「分割払い」）はないか

104

図表3−3−8　裏書手形の例

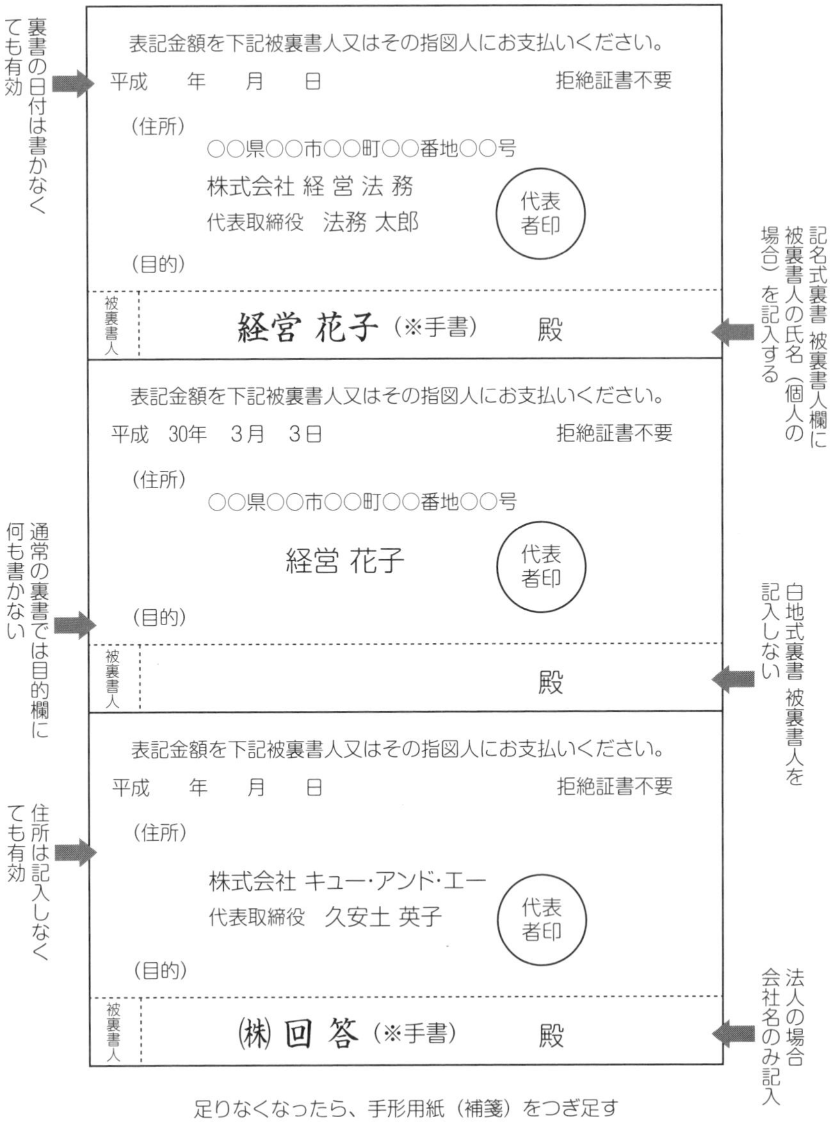

表記金額を下記被裏書人又はその指図人にお支払いください。

平成　　年　　月　　日　　　　　　　　　　　拒絶証書不要

（住所）

　　　　○○県○○市○○町○○番地○○号

　　　　株式会社 経 営 法 務

　　　　代表取締役　法務 太郎　　　　　代表
　　　　　　　　　　　　　　　　　　　　者印

（目的）

被裏書人　　　　経営 花子（※手書）　　　殿

表記金額を下記被裏書人又はその指図人にお支払いください。

平成 30年　 3月　 3日　　　　　　　　　　拒絶証書不要

（住所）

　　　　○○県○○市○○町○○番地○○号

　　　　　　経営 花子　　　　　　　　　代表
　　　　　　　　　　　　　　　　　　　者印

（目的）

被裏書人　　　　　　　　　　　　　　　　殿

表記金額を下記被裏書人又はその指図人にお支払いください。

平成　　年　　月　　日　　　　　　　　　　拒絶証書不要

（住所）

　　　　株式会社 キュー・アンド・エー

　　　　代表取締役　久安土 英子　　　代表
　　　　　　　　　　　　　　　　　　者印

（目的）

被裏書人　　㈱ 回 答（※手書）　　　殿

足りなくなったら、手形用紙（補箋）をつぎ足す

裏書の日付は書かなくても有効

通常の裏書では目的欄に何も書かない

住所は記入しなくても有効

記名式裏書 被裏書人欄に被裏書人の氏名（個人の場合）を記入する

白地式裏書 被裏書人を記入しない

法人の場合 会社名のみ記入

コラム　手形そのものを無効にする有害的記載事項

手形受取りの際に注意すべき有害的記載事項について補足します。手形法に違反したり、手形本来の機能に矛盾したり、機能を無効化したりする記載が有害的記載と言われるもので、以下のような例ががあげられます。

①手形法では、手形は次のいずれかの支払方法を前提に振り出すこととされており、これに反する場合や分割払いの手形は無効になります。

・一覧払い：支払人に提示した日に支払う
・一覧後定期払い：支払人に提示した日から一定期間後に支払う
・振出日付後定期払い：振出日から一定期間後に支払う
・確定日払い：具体的なカレンダーに存在する日に支払う

　実際には、ほとんどの手形は確定日払いであり、支払期日（満期日）の欄に○年○月○日と記載されています。なお、日払期日が記入されていない手形は、一覧払いとみなされます。

②手形は、無条件の支払いを約束するものですから、支払条件を定めることは手形そのものを無効化することになります。例えば、「工事完成後に支払います」、「商品納品後に支払います」などの文言は有害的記載とされます。また、「振出人は支払いに責任を負わない」などの免責文句や、支払人をはっきりさせなくする記載も同様です。

　このような有害的記載事項は、不注意だけではなく、何らかの意図（詐欺など）をもってなされている場合もありますので、明らかに有害的とわかる文言の記載がある手形は受け取らないようにすべきです。なお、有害的かどうかの判断が難しい場合もありますので、手形要件（Q44参照）以外の文言の記載がある場合は、その意図と有効性を確認し、専門家へ相談する習慣をつけることも大切です。

小切手の振出しと受取り

Q46 タイル工事業を営む予定です。現金払いはわずらわしいので、顧客とは主に小切手での決済を考えています。そこで、小切手の基本的な仕組みを教えてください。

A46
Point

- 小切手は、現金を扱う危険性や煩雑性を回避し、すぐに現金化できる点で、振出人と受取人の双方にメリットがある決済手段です。
- 小切手は、呈示期間（10日間）中に、持参人による換金が可能です。

1 小切手の基本的な特徴と種類

「小切手」の利用は、手形と同様、多額の現金を持ち運ぶ必要がなく、受け取ったお金を数える必要もない、紛失や盗難にあっても、現金に比べて被害を防ぎやすいなどの点で、振出人・受取人の双方にメリットがあります。手形と異なり、銀行に預金残高があることを前提として振り出され、呈示期間中であればすぐに現金を受け取れる（一覧払い）点も利用価値の一つです。小切手の決済手段としての特徴と種類を、図表3－3－9にまとめました。

2 小切手を振り出すときの留意点（小切手要件）

小切手の絶対的記載事項（小切手要件）は、9項目あります（図表3－3－10）。その多くは統一小切手用紙に印刷済ですので、金額と振出日を記載し、記名・押印すれば振り出すことができます。

3 小切手の受取りと換金についての留意点

小切手を受け取る際と換金する際の留意点は、次の通りです。
① 約束通りの金額が、チェックライター又は漢数字で記載されていることに加え、振出日も確認する。
② 小切手受取りに際して、資金不足などの理由で先日付けの振出しに合意した場合は、振出日まで待って換金する。

第3章　事業活動に関する法律と制度　107

図表3－3－9　小切手の特徴と種類

①振出人が銀行に支払いを委託する支払委託証券で、支払人は銀行である。
②支払期日がなく、一覧払いである。振出人は呈示期間中に支払依頼を取り消すことはできない。
③振出しの時点で支払銀行に資金残高が必要で、手形のような信用機能はない。
④ほとんどの小切手は、所持人なら誰でも換金できる持参人払式小切手である。この小切手の所持人は、裏書なしで他人へ権利を譲渡できる（裏書すると、小切手が不渡りになった場合、手形の裏書と同様の遡及義務が生じる）。
⑤呈示期間は振出しの翌日から10日間である。
⑥収入印紙は不要である。
⑦小切手表面左肩に平行線を引いたものを、（一般）線引小切手という。平行線の間に「銀行渡り」、「銀行」、「Bank」などの文字が入るものも同様。平行線の間に特定の銀行名が入ったものは、特定線引小切手と呼ばれ、安全性が高くなる。銀行名・支店名は、振出人、受取人のどちらでも記入できる。
⑧小切手表面に記載されている「持参人」を2本線で消して、代わりに受取人氏名を記載したものは、記名式小切手という。
⑨銀行に資金払込みの上でつくってもらう、支払銀行が振出人になる小切手を、自己宛小切手という。

図表3－3－10　小切手要件一覧

要件項目	説　明	統一小切手用紙
小切手文句	小切手であることを示す文言	印刷済
小切手金額	支払う金額をチェックライターか漢数字で記載	
支払委託文句	「上記の金額をこの小切手と引換に」という文言	印刷済
支払人	小切手用紙を交付した銀行などの支店名	印刷済
支払地	支払人である銀行の住所	印刷済
振出日	実際の振出日と一致する必要はない。先日付の場合、先日付小切手と呼ぶ。暦にない日付を記載すると、小切手自体が無効になる	
振出地	振出人が属する最小行政区画	印刷済
振出人	署名又は記名・押印する。印鑑は銀行届出印	
拒絶証書不要文言	公証人による拒絶証書の作成を免除するということ	印刷済

③持参人払式小切手は、小切手を支払地の銀行支店に持参した人が誰であっても、裏書（住所記載、署名・押印）をして窓口に渡せば、換金することができる。支払地銀行支店に持参できない場合は、自分の取引銀行に取立てを依頼する。
④一般線引小切手は、所持人が支払地銀行支店と直接取引がある場合に支払いを受けられる。取引がない場合は、支払地銀行支店に対し、自分の取引銀行に取立てを依頼する。
⑤特定線引小切手は、2本線の間に書かれた銀行支店に支払いを限定するもの。小切手所有者が支払いを受けるためには、その銀行との預金取引口座が必要となる。

3.4 個人情報の扱い方について

改正個人情報保護法の概要

Q47 当社は小規模事業者で、個人情報保護法の対象ではありませんでした。個人情報保護法が改正されたということですが、当社に関係あるのでしょうか。

A47

Point

- 改正個人情報保護法の施行により、すべての事業者に個人情報取扱事業者としての義務が課されるようになりました。
- 匿名加工情報や要配慮個人情報の取扱規定も新設されました。
- 事業者として、個人情報の安全管理措置をしっかり行う必要があります。

1 従来の個人情報保護法

「個人情報」とは、生存する個人に関する情報のことで、氏名、住所、性別、生年月日など、特定の個人を識別できるものです。

個人情報保護法の対象となる「個人情報取扱事業者」とは、個人情報データベース等を事業の用に供している者のことです。国の機関や地方公共団体等を除き、個人情報を扱う事業者はすべて含まれますが、改正前の個人情報保護法では、識別される特定の個人の数の合計が、過去6ヵ月以内のいずれの日においても5,000人を超えない者は除外されていました。

2 改正個人情報保護法のポイント

改正個人情報保護法（以下、「改正法」）が2017年5月30日に施行されました。改正のポイントは、以下の通りです。

(1) **対象事業者の拡大**
　　――小規模事業者も個人情報取扱事業者に

最も大きな改正点は、対象事業者が拡大され、小規模事業者を含むすべての事業者に個人情報取扱事業者とし

第3章　事業活動に関する法律と制度　109

ての義務が課されたことです。ご質問者の会社も、改正法の対象になるとお考えください。

(2) 匿名加工情報の利活用が可能に

　個人情報を加工して特定の個人を識別することができず、元となった個人情報を復元することもできなくなった情報を、匿名加工情報と呼びます。改正法では、ビッグデータを有効に活用してビジネスチャンスを拡大するため、匿名加工情報の取扱規定が新設され、本人の同意がなくても、一定要件下で第三者に提供できるようになりました。

(3) 個人識別符号も個人情報に

　個人識別符号とは、身体情報及び役務の利用や商品の購入に関し特定の個人に振り当てた符号、番号を意味するもので、個人情報に含まれることが明記されました。指紋認証データや運転免許証番号、旅券番号などが想定され、それらを不正な利益を図る目的で第三者に提供などした場合には、処罰の対象となります。

(4) 要配慮個人情報とは

　今回の改正で、新たに要配慮個人情報の取扱規定が新設されました。これまでの人種、信条、病歴、犯罪の経歴などに加え、「本人に対する不当な差別、偏見その

図表３－４－１　改正個人情報保護法の概要

【個人情報取扱事業者の義務】

個人情報（2条1項）	15条（利用目的の特定） 16条（利用目的による制限） 17条（適正な取得） 18条（取得に際しての利用目的の通知等）
個人データ （2条4項）	19条（データ内容の正確性の確保） 20条（安全管理措置） 21条（従業者の監督） 22条（委託先の監督） 23条（第三者提供の制限） 24条（外国にある第三者への提供の制限） 25条（第三者提供に係る記録の作成等） 26条（第三者提供を受ける際の確認等）
保有個人データ （2条5項）	27条（保有個人データに関する事項の公表等） 28条（開示） 29条（訂正等） 30条（利用禁止等） 31条（理由の説明） 32条（開示等の求めに応じる手続） 33条（手数料）

他の不利益が生じないようにその取扱いに特に配慮を要するものとして政令で定める記述等」を含むとしています。また、これらの情報は、原則として直接本人の承諾を得て提供してもらう必要があります。

(5) 直罰規定・両罰規定

改正法では、名簿屋対策として個人情報データベースなどを不正な利益を図る目的で第三者に提供し、又は盗用したとき、その個人に直接刑罰を科す直罰規定が設けられました。また、その従業員等を監督すべき法人が監督義務を怠ったときは、その法人も処罰の対象となります。したがって、事業者にとって従業員教育が重要になります。

マイナンバー法について知っておくべきこと

Q48 当社は個人情報取扱事業者です。個人情報保護法とマイナンバー法は、どのように違うのですか。また、事業者としての留意点や今後の動向についても教えてください。

A48

Point

・個人情報にマイナンバーが含まれることで、特定個人情報になります。
・マイナンバー法は、特定個人情報を扱うすべての事業者に適用されます。
・預金口座に任意で番号を適用することなどを定めた改正マイナンバー法が成立しました。

1 個人情報保護法とマイナンバー法

　個人に識別番号（マイナンバー）を割り当て、社会保障や納税に関する情報などを一元的に管理するための「マイナンバー法」が、2015年9月に成立、同年10月に施行されました。個人情報にマイナンバーが含まれることで「特定個人情報」になり、この特定個人情報を扱うすべての事業者にマイナンバー法が適用されています。特定個人情報は、名寄せされるリスクがあるため、個人情報保護法よりも厳しい保護措置が課されています。

　罰則規定の内容も重くなっており、個人情報保護法では、個人情報ファイルなどを正当な理由なく第三者に提供したときは2年以下の懲役又は100万円以下の罰金が科されますが、マイナンバー法における特定個人情報ファイルの不正漏洩では、4年以下の懲役又は200万円以下の罰金となります。

　個人情報保護法では、法令に基づく場合などを除き、本人が同意すれば第三者に個人情報を提供することが可能です。しかし、マイナンバー法の特定個人情報は、本人が同意したとしても、原則として第三者に提供することはできません。また、定められた範囲を超えて利用することもできません。

2 マイナンバー法への対応

　個人番号・特定個人情報は、社会保障や税に関する手続書類の作成事務を処理す

図表3－4－2　事業者における個人番号との関わり（個人番号関係事務）

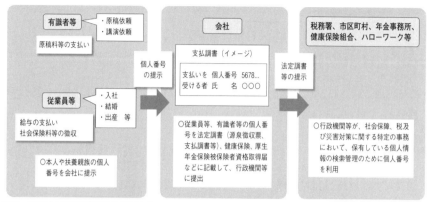

出典：特定個人情報保護委員会事務局「マイナンバーガイドライン入門」

る必要がある場合に限り、従業員等に提供を求め保管することが可能です。ただし、その必要がなくなったら、廃棄しなければなりません。事業者は社会保障や税に関する手続書類に、個人番号・特定個人情報を記載し、行政機関などに提出することになります（図表3－4－2）。

　特定個人情報を扱う事業者は、個人番号・特定個人情報の漏洩、滅失、毀損を防ぐために、必要かつ適切な安全管理措置を講じなければなりません。また、社会保険や労働保険などの手続を外部の社会保険労務士などに委託している場合は、委託先において委託者が自ら果たすべき安全管理措置と同等の措置が講じられるよう、必要かつ適切な監督を行わなければなりません。

3 ｜ マイナンバー法の改正

　2015年9月、改正マイナンバー法が成立し、2018年から預金口座にも任意でマイナンバー制度が適用されることとなりました。2018年の時点では個人が銀行に対してマイナンバーを告知する義務はありませんが、2021年以降の義務化も検討されているようです。

　マイナンバーと預金口座が紐付けされれば、税務当局は預金に関する取引内容も把握できます。これにより、脱税や年金の不正受給を防ぐのが狙いです。

第4章

商品の開発・販売に
関する法律

4.1　消費者契約とインターネット取引
4.2　不正な競争・表示への規制
4.3　製品の安全と廃棄物の処理
4.4　知的財産権に関する法律と制度

4.1　消費者契約とインターネット取引

消費者契約法の概要

当社では、顧客との継続的な利用契約を中心にした事業を営む予定です。消費者契約法で、契約が取り消されたり、契約条項が無効になったりする場合について教えてください。

A49
Point

・消費者契約法は、消費者と事業者の契約に適用されます。
・不当な契約の場合、消費者は契約自体の取消し又は契約条項の無効を主張できます。
・被害の拡大防止策として、適格消費者団体による差止制度が用意されています。

1　消費者契約法の概要

「消費者契約法」は、事業者との情報力・交渉力の格差により不利な立場に置かれている消費者の利益擁護を図ることを目的とした法律で、2001年4月から施行されています。

同法は、消費者に契約の取消権や不当な条項の無効を主張できる権利を認めることで、消費者が事業者と結ぶ契約から生ずるトラブルや被害を抑制すること、及び適格消費者団体に差止請求権を認めることにより、特定の被害者の救済だけでなく、被害の拡大等を防止することも視野に入れています。

2　消費者契約法の内容

消費者契約法の対象は、消費者と事業者が締結した契約です。事業者は契約について、消費者の権利義務を含めて明解かつ合理的な内容にする必要があります。契約内容が同法の規定に抵触すると判断された場合、以下のように、契約自体の取消しや契約条項の無効を主張される可能性があります。

(1) 消費者契約の申込み又はその承諾の意思表示の取消し

不公正な勧誘により、消費者が誤認・困惑して契約した場合、及び過量な契約内容であった場合、取消しができます（図表4－1－1）。

第4章 商品の開発・販売に関する法律 115

図表4－1－1 契約が取消しになる事由

誤認による取消事由	
不実告知	重要事項について、事実と異なることを告げること
断定的判断の提供	本当は確実でないのに、確実であるかのような断定的判断を告げる（「確実に値上がりする」など）こと
不利益事実の不告知	消費者にとって不利益な重要事項を故意に告げないこと
困惑による取消事由：「困惑」とは、消費者が心理的に自由な意思決定・判断のできない状態	
不退去	自宅や職場に居座って勧誘すること
退去妨害	店舗等の勧誘場所からの退去を妨害して勧誘すること
過量な契約内容による取消事由：「過量」とは、契約対象の分量や回数、期間が、契約当事者にとって通常の想定以上に過多であること	

図表4－1－2 無効になる契約条項

事業者の損害賠償の責任を免除する条項
債務不履行賠償責任の全部又は一部免除条項、瑕疵担保責任の免除条項
消費者の解除権を放棄させる条項
債務不履行又は瑕疵に伴う解除権を放棄させる条項
消費者が支払う損害賠償の額を予定する条項等
不当に高額な解約損料、不当に高額な遅延損害金等の違約金条項
消費者の利益を一方的に害する条項
消費者の権利制限や義務を加重する条項で、一方的に消費者の利益を害するもの ・積極的な意思表示がないことをもって、契約申込みや内容承諾とみなすなど、消費者の利益を一方的に害する条項 ・「一切の解除はできません」とする約款など

(2) 消費者契約の条項の無効

図表4－1－2に示すような内容の契約条項は、不当かつ無効であるとされます。

3 │ 適格消費者団体による差止請求制度（消費者団体訴訟制度）

2006年の法改正により創設された制度です。この制度は、不特定多数の消費者の利益を代表して、消費者契約法に定める適格消費者団体（国が認定）に、次の法律に違反する行為に対する差止請求を行う権限を与えるものです。

・**差止請求制度の対象となる法律**：消費者契約法、景品表示法、特定商取引法、食品表示法

インターネット販売に適用される法律

インターネットを使って、当社商品の広告や販売をしたいと思っています。ネットオークションの活用なども予定していますが、法律的な留意点を教えてください。

A_{50}
Point

- 自社製品のインターネット販売は、特定商取引法の対象となる通信販売になり、同法の規定に従う必要があります。また、トラブルを防ぐため、電子消費者契約法に定められている責務を果たさなければなりません。
- ネットオークションを事業利用する場合、特定商取引法の規制を受けます。古物を扱う場合は、古物商の許可も必要です。

1 特定商取引法

「特定商取引法」とは、事業者による違法・悪質な勧誘行為等を防止して消費者の利益を守ることを目的として、訪問販売、通信販売等の7種類の取引類型を対象に事業者が守るべきルール等を定めています。インターネット販売は、「通信販売」にあたりますので、この法律に従う必要があります。図表4－1－3に、特定商取引法の規制の概要を示します。

2 電子消費者契約法

「電子消費者契約法」とは、電子商取引などにおける消費者の操作ミスの救済、契約の成立タイミングなどを定め、インターネットに特有の環境によるトラブルから消費者を保護するための法律です。電子消費者契約法に定められた事業者の責務は、図表4－1－4に示す2点です。

3 ネットオークション販売を業として行う場合

ネットオークションであっても、販売業者と判断される場合、法人・個人を問わず、特定商取引法の通信販売として規制を受けます。加えて、使用済みの商品を業として販売する場合は古物営業法の対象となり、古物商の許可をとっていない場合

第4章　商品の開発・販売に関する法律　117

図表4－1－3　特定商取引法による通信販売に対する規制

規制項目	規制内容（概要）
広告に表示すべき項目	通信販売の広告には、原則として販売価格、送料、代金支払いの時期、商品引渡時期、売買契約申込みの撤回又は契約解除に関する事項等13項目が含まれなければならない。
誇大広告等の禁止	著しく事実に相違する表示や実際よりも著しく優良又は有利であると誤認させるような表示をすることはできない。
未承諾者への電子メール広告の提供の禁止	契約者への契約内容の送信など一部の場合を除き、消費者の承諾を得ないで電子メール広告を送信することはできない。
前払式通信販売の承諾等の通知	商品代金の全部又は一部が前払式の販売で商品の引渡しに時間がかかるときは、事業者はその申込みの諾否、受領金額や引渡時期などの規定事項を記載した書面を渡さなければならない。
契約解除に伴う債務不履行の禁止	消費者が売買契約の申込みを撤回し、契約当事者双方に原状回復義務が課された場合、事業者による代金返還の拒否や遅延は禁止される。
顧客の意に反して契約の申込みをさせようとする行為の禁止	事業者は、ショッピングサイトにおいて、あるボタンのクリックが有料申込みとなることを容易に認識できるように表示し、申込内容を確認、訂正できるようにしなければならない。
上記に違反した場合、業務改善の指示や業務停止命令などの行政処分のほか、罰則の対象となる。	
契約の申込みの撤回又は契約の解除	通信販売では原則、消費者が商品の引渡しを受けた日から8日間以内であれば、契約申込みの撤回や解除ができる。ただし、事業者が広告であらかじめ申込撤回や解除について特約を表示していた場合は、特約による。
事業者の行為差止請求	事業者の不特定多数者への誇大広告をする行為に対する、適格消費者団体による差止請求制度がある（Q49参照）。

図表4－1－4　電子消費者契約法による事業者の責務

規制項目	規制内容（概要）
消費者の操作ミスへの救済措置	消費者が申込実行前に内容を再確認できる画面などの用意と、申込ボタンの押下が「申込確定」になることの明示などの救済措置を設けなくてはならない。
契約の成立時期に関する措置	電子契約では、事業者による申込承諾の通知が消費者に到達した時点で契約成立となる。注文・申込みがあった場合は、必ず申込承諾の連絡をしなければならない。事業者による申込承諾通知が消費者になされない、又は届かない場合は、契約は成立していないことになる。

に罰則が科される可能性があります。

　販売業者になるかどうかの判断基準については、経済産業省の通達（ネットオークションにおける「販売業者」に係るガイドライン）が参考になります。

4 ┃ インターネット販売に関連するその他の法律

　ここまで紹介した以外にも、広告やホームページ上に掲載する内容については、著作権法や景品表示法などの規制にも留意する必要があります。

インターネット販売におけるトラブルと留意点

Q 51
インターネット販売を始めたいのですが、取引上のトラブルが多いと聞いて迷っています。トラブルの事例や留意点について教えてください。

A51

Point

・特定商取引法では、インターネット取引のトラブルを防止するため、事業者の責務を定めています。

・特に、商品の注文、返品に関するトラブルについて、特定商取引法の規定を確認しておきましょう。

1 インターネット取引のトラブル

インターネットを利用した取引の増加に伴い、関連するトラブルも増加しています。特定商取引法では、インターネット取引を含めた通信販売のトラブルを防止するための事業者の責務なども規定されています。トラブルの事例とともに、確認しておきましょう。

2 トラブル事例と事業者の責務

(1) 消費者の注文ミスによる返品

インターネット通販で最も多いトラブルは、返品に関するものです。インターネット通販では、非常に簡単な操作のみで発注ができますが、その分、操作ミスによって消費者が意図していない商品を発注してしまったり、発注数を間違えたりすることが多いようです。また、実際の商品を直接確認せずに発注するため、商品が届いてからサイズや色合いが思ったものと違うことに気付き、返品を希望する事例も少なくありません。

特定商取引法では、通信販売における売買契約について、消費者へ商品が引き渡された日から8日以内であれば、契約を撤回でき、商品の返送費用など返品にかかる費用は消費者が負担することが定められていますので、返品希望については、原則これに従って対応する必要があります。ただし、同法では売買契約ごとに返品の

可否や返品条件についての特約を設けた場合には、特約の内容に従うこととされています。

　実際には、商品の発注画面などにおいて「返品不可」などの特約が表示されていても、消費者がこれを見落として発注してしまったためにトラブルに発展する場合があります。このようなケースを防止するため、特定商取引法施行規則では、返品特約について「顧客にとつて見やすい箇所において明瞭に判読できるように表示する方法その他顧客にとつて容易に認識することができるよう表示すること」を定めています。適切な返品特約の表示については、消費者庁の通達（通信販売における返品特約の表示についてのガイドライン）に例示されていますので、内容を確認しておきましょう。

(2)　意図せずに有料契約をしてしまった消費者からの契約解除

　インターネット取引では、クリック一つで有料サイトの利用契約などを締結できてしまう場合があります。これによって、意に反した有料契約をしてしまうことがあり得ます。その場合、消費者としてはその有料契約は意図していないものとして取り消し、支払いを断りたいと思うはずです。一方、事業者側からすれば正当に料金を請求したのに支払いを拒絶されることとなり、トラブルに発展する可能性があります。

　このようなケースを防止するため、特定商取引法は、事業者の「顧客の意に反して売買契約等の申込みをさせようとする行為」を禁止しています。この規定では、インターネット通販において、あるボタンをクリックすれば、それが有料の申込みとなることを、消費者が容易に認識できるように表示していないこと、申込みをする際に消費者が申込内容を容易に確認し、かつ訂正できるように措置していないこと、等が禁止行為に該当します。これらの措置を怠っていると、消費者への請求を認められないばかりか、行政処分の対象になり得ます。経済産業省の通達（インターネット通販における「意に反して契約の申込みをさせようとする行為」に係るガイドライン）において、詳細に解説がなされていますので、事業者としても、注意不足でトラブルになることのないようにしたいものです。

3 ｜ トラブル事例の把握方法

　インターネット取引に関するトラブル事例は、国民生活センターや消費者庁で収集、公開されています。こうした事例を参考にしてトラブルを回避し、消費者に安心してショッピングを楽しんでもらえるサイトを作成してください。

4.2 不正な競争・表示への規制

不正競争防止法の規制対象

模倣商品や食品偽装、事故米流通、企業秘密漏洩など、一見して共通性のない事件が不正競争防止法違反と報道されていますが、不正競争防止法とはどんな法律なのでしょうか。

A_{52}
Point

・不正競争防止法は、公正な市場競争を阻害する不正競争行為を類型化し、規制の対象としています。
・不正競争行為の中でも、営業秘密の侵害に関しては、時代の変化に応じて規制が厳格化されています。
・企業には、自社優位性を法的権利にするための管理体制が求められています。

1 不正競争防止法とは

「不正競争防止法」は、事業者間の公正な競争を阻害する行為を不正競争行為として類型化し、規制の対象としています。有名ブランドや人気商品のデザインを許諾なしに使用(模倣)したり、産地や原材料、製造年月日を偽装したり、他人の営業秘密を不正に取得して使用したりする行為も、不正競争行為とみなされます。

図表4-2-1にまとめたように、不正競争行為には特許や商標などと同様に企業が努力の上に獲得したビジネス上の成果を無断で利用する(冒用)行為や相手の誤認を誘う(誤認惹起)行為などがあり、不正競争防止法は、こうした行為を取り締まることで、権利者の利益を守ろうとするものです。

不正競争防止法では、公益に対する侵害の程度が高い不正行為(図表4-2-1中の①②③④⑤⑦)については刑事罰と民事措置(差止請求、損害賠償請求)の対象とし、私益の侵害にとどまるもの(同⑥⑧⑨)については民事措置のみとしています。

ご質問のように、最近では不正競争防止法に違反する事件が相次いでいます。豚肉を混ぜたひき肉を「牛ミンチ」と偽った出荷、中古車のメーターの改竄、ゲーム機の模倣品販売、有名商品をパロディ的に扱った類似商品の販売、製造上の秘匿性の高い技術を競合他社に開示する目的で盗み出したりするなどの行為が、不正競争

第4章　商品の開発・販売に関する法律　　121

図表4－2－1　主な不正競争行為の類型

不正競争行為の種類	説　明
①周知な商品表示の混同惹起	他人の商品・営業の表示として需要者に広く認識されているものと同一又は類似の表示を使用し、その他人の商品・営業と混同を生じさせる行為
②著名な商品等表示の冒用	他人の商品・営業の表示として著名なものと同一又は類似の表示を自己の商品・営業の表示に許可なく使用する行為
③商品形態模倣	他人の商品の形態を模倣した商品を譲渡等する行為
④営業秘密の侵害	窃盗等の不正の手段によって営業秘密を取得し、自ら使用し、若しくは第三者に開示する行為など
⑤技術的制限手段を無効化する装置等の提供	デジタル・コンテンツの複製や無断視聴をさせないための技術的制限を無効にする手段を他人に提供する行為など
⑥ドメイン名の不正取得等	図利加害目的で他人の商品・役務の表示と同一又は類似のドメイン名を取得、保有、又は使用する行為
⑦誤認惹起行為	商品・役務又は広告等に原産地、品質、内容等について誤認させるような表示をする行為、及びその商品を譲渡等する行為
⑧信用毀損行為	競争関係にある他人の営業上の信用を害する虚偽の事実を告知・流布する行為
⑨代理人等の商標冒用行為	パリ条約の同盟国等において商標に関する権利を有する者の代理人が、正当な理由なく、その商標を使用等する行為

行為として告発又は訴訟提起されています。

2 ┃ 近年の法改正の状況

　不正競争行為の類型のうち、営業秘密の侵害に関しては、近年、最も法改正が行われました。労働力の海外流出に伴う海外での企業秘密の不正使用や開示、ITの高度化に伴う情報の不正流出、海外サーバーなどを介した海外での情報の不正取得などへ対処するとともに、営業秘密侵害品の譲渡や輸出入を規制しています。

　罰則としても、罰金の上限額引上げ、海外での使用に対する重罰化がなされ、既遂に加えて未遂行為も処罰の対象になっています。

3 ┃ 不正競争防止法に関連する事業運営上の留意事項

　企業としては、自ら不正競争行為を行わないことはもちろん、自社の利益を脅かす事態への注意と準備も怠らないことが大切です。例えば、営業秘密については、差止めや損害賠償などの法的措置が請求できるように、自社優位性確保に役立つ営業情報が秘密として管理されていた事実を客観的に証明できる体制を整備するなどの取組みが求められています。

不当な広告や表示に関する規制

Q53　地域産食材を使った自信作の食品を販売する予定です。広告や商品表示に関して、あらかじめ知っておくべきことを教えてください。

A53
Point

・消費者向け商品やサービスの表示は、景品表示法により規制されています。
・不当表示と認定されると、注意、警告、措置命令が出されます。
・商品表示については、業界ルールである公正競争規約に従うのが確実な方法の一つです。

1　景品表示法の概要

　消費者向けの商品やサービスについては、「景品表示法」に、品質、内容、価格等の表示に関して規制が設けられています。不当に顧客を誘引したり、消費者の自主的・合理的な選択を阻害したりするおそれのある表示が禁止されています。

　景品表示法の規制対象は、消費者が商品やサービスを選択することに影響を与える表示全般であり、商品パッケージに限らず、チラシやテレビCM、新聞・雑誌広告、ポスター、ホームページなど、あらゆる消費者とのコミュニケーション手段にわたります。

　禁止される内容は、大きくは「優良誤認表示」と「有利誤認表示」に分かれており、その概要は、**図表4－2－2**の通りです（具体例については、Q54参照）。

　ご質問の場合、「地域食材を使用しているので、他社の食品よりも栄養価が高い」などと表示する場合には、十分な証拠が必要です。

2　景品表示法違反に対する措置

　景品表示法に違反する疑いがある場合、消費者庁は事業者への聴取、資料収集などを行います。調査結果により、違反の事実が認定されると、弁明の機会を与えた上で、措置命令等が出されます。景品表示法では、規制の迅速性確保のために、都道府県知事にも一定の権限を与えています。不当表示の疑いはあるが措置命令の必

第4章　商品の開発・販売に関する法律　123

図表4－2－2　景品表示法で禁止されている表示

優良誤認表示
商品・サービスの品質・規格などが、実物や他社のものよりも著しく優良であると誤認される表示 　例）原産地、原材料、効能、品質、鮮度、栄養価、規格等級、有効期限、製造方法などの不当表示
有利誤認表示
商品・サービスの価格や取引条件などが、実物や他社のものよりも著しく有利であると誤認される表示 　例）二重価格表示や「地域最安値」、「過大包装」などで実態の伴わないもの
誤認されるおそれのある表示で内閣総理大臣が指定するもの
①無果汁の清涼飲料水、②商品の原産国表示、③消費者信用の融資費用、④不動産のおとり広告、⑤おとり広告、⑥有料老人ホームの表示

要性まで認められない場合は、文書による警告や口頭での注意になります。

　これらの不当表示に関しては、都道府県の消費生活調査員制度や消費者庁の電子商取引監視調査システムを通して消費者調査員から情報提供を受けるなどして、違反調査の端緒にしています。

3 ▌ 商品・サービスの表示に関する留意点

　優良誤認表示に関しては、その該当判断のために必要がある場合は、期間を決めて、事業者に表示の裏付けとなる合理的な根拠を示す資料の提出を求めることがあります（不実証広告規制）。もし、指定期間内に優位性などに対する合理的な根拠を示すことができない場合には、不当表示とみなされたり、推定されたりします。

　有利誤認表示として多いのは、二重価格表示です。これは、実際の販売価格に実態又は実績のない高い価格などを併記して、販売価格を魅力的に見せようとするものです。また、「地域最安値」や「期間限定」、「数量限定」などといった表示も、実際と異なる場合は取締りの対象になります。

4 ▌ 公正競争規約

　景品表示法の規定は、業種別に定められたものではありません。したがって、特定の業種における諸々の法的規制も踏まえて表示の適否を判断するには、各事業者団体が景品表示法に則って策定した公正競争規約を基準にするのが確実です。公正競争規約を利用するには、それぞれの業界ごとに設置されている公正取引協議会に加入する必要があります。

景品表示法に抵触する不当表示の例

景品表示法の規制対象とされる不当表示について、どこにその線引きがあるのか、よくわかりません。具体的な事例をあげて解説してください。

A54
Point

・実際と比べて品質・性能や価格・取引条件等を水増しした表示や偽った表示は、**優良誤認表示**や**有利誤認表示**に該当する可能性があります。
・実際には提供できないものをあたかもできるように表示することなども、**誤認されるおそれのある表示**として規制対象になります。

1 景品表示法に抵触する不当表示とは

　企業は自社商品・サービスの優位性をアピールする際に、よく「画期的な効用」、「××100％」、「無添加」、「天然」、「国内産」などという文言を使います。また、「従来比10％増量」、「従来販売価格の半額」、「期間限定優待券プレゼント」などという表示もよく見かけます。
　前者のような当該商品の品質・性能が著しく優良であると消費者が思い込むような表示や広告は、優良誤認表示の可能性があります。一方、後者のように、他社や他店で購入するよりも、又は従来よりも購入条件等が有利であるとするような表示は、有利誤認表示として規制の対象になる可能性があります。
　景品表示法における表示には、商品容器や包装やチラシや看板・ポスター、POPなどの印刷や手書きによるものに限らず、実演や口頭での説明（口頭表示）やインターネット、メール、ラジオやテレビのCMなど、消費者に知らせるためのあらゆる媒体が含まれます。

2 不当表示の事例（基本資料：東京都、消費者庁発表資料）

(1) 優良誤認表示
①誇大な効能・効果を謳う表示、又は効用の水増し表示
　・健康食品や化粧品、健康関連商品の効能・効果について、合理的な根拠なしで

表示する（ダイエット食品、体質改善商品、失禁対策パンツなど）。

・日よけシェードについて、実力以上の室温低下効果を表示する。

②限定的な効果・品質を全体的なものとして誤認させる表示

・国立大学・大学院出身の講師の割合を水増しして表示する（学習塾）。

・温泉施設の一部浴槽のみが温泉法に適合しているだけなのに、すべての浴槽が温泉を使用していると表示する。

③虚偽表示

・中古車の修理履歴や走行距離に関して、偽った表示をする。

・養殖物や和牛非該当の牛肉を使用しているにもかかわらず、あたかも天然物や和牛を使っているかのように表示する（食材の虚偽表示）。

・水道水を加温しただけのお湯を、「地下1,300mから湧き出る温泉」と表示する。

⑵　有利誤認表示

①不当な割引キャンペーンの表示

・美容関連サービス、各種教室などにおいて、「期間限定キャンペーン」などと表示し、期間限定で適用される割引であるかのように思わせる広告（実際は、継続的なものであり、通常価格や入会金の実態もないケース）。

②不当な二重価格表示

・いったん引き上げられた通常販売価格に対して、引き下げた価格を当日限定価格とした表示（二重価格表示）。適正に二重価格表示を行う場合は、比較対象価格が最近相当期間にわたって販売されていた価格でなければならない。

③実際の当選者の数を伏せた懸賞企画

・実際に景品類が提供される当選者数とは異なる当選者予定者数を表示する。

⑶　その他誤認されるおそれのある表示

①おとり表示

・旅行情報ウェブサイトにおいて、実際には使用していない高級食材を、あたかも使用しているかのように表示する。

②商品の原産国に関する不当な表示

・一般消費者が原産国等を判別することが困難な場合において、原産国等以外の国や地方、国旗、事業者名、デザイナー名などを表示する。

健康食品の表示に対する規制

Q 55 健康食品の取扱いを始めました。効能などを十分にPRした商品にしたいのですが、注意すべき法令にはどのようなものがあるでしょうか。

A55
Point

・健康食品の効能に関する表示・広告は、健康増進法、景品表示法、医薬品医療機器等法（旧薬事法）等で規制されます。
・医薬品、保健機能食品、一般食品では、規制に違いがあるので注意が必要です。

1 健康食品の分類により異なる法規制

「健康食品」は、医薬品等と同様に、摂取した際に人体へ直接的な影響を及ぼすことから、科学的根拠に基づいた正しい情報提供が求められます。よって、その効能や機能性に関する表示や広告については、表示できる内容が規制されています。

健康食品は、「保健機能食品」と「それ以外の一般食品」に分けられます。保健機能食品は、さらに「特定保健用食品」、「機能性表示食品」、「栄養機能食品」に分類され、それぞれ表示できる範囲が異なっています。

一般の食品は、原則としてその表示・広告において効能や機能を謳うことは禁止されていますので、健康食品として何らかの効能を適法にアピールするには、保健機能食品と認められるために、次のような手続を行う必要があります。

(1) **特定保健用食品**

健康の維持増進に役立つことが科学的根拠に基づいて認められ、「コレステロールの吸収を抑える」などといった表示が許可される食品です。商品を特定保健用食品として販売するには、表示されている効果や安全性について、国の審査と消費者庁長官の許可を受ける必要があります。

(2) **機能性表示食品**

事業者の責任において、科学的根拠に基づいた機能性を表示した食品です。販売前に安全性と機能性の根拠に関する情報を消費者庁長官へ届け出る必要がありますが、消費者庁長官の許可は不要です。

(3) 栄養機能食品

1日に必要な栄養成分（ビタミン、ミネラルなど）が摂取できない場合、その補給・補完に利用できる食品です。すでに科学的根拠が確認された栄養成分を一定の基準量含む食品について、あらかじめ国が定めた表現による機能性表示が可能です。国への届出などは必要ありません。

2 ┃ 法律違反となる表示と適用される法律

(1) 法律違反となる事例

医薬品や保健機能食品でないものに、疾病の治療又は予防を目的とする効果や特定の保健の用途に適する旨の表示を行った場合は、法律に違反する可能性が高くなります。例えば、一般の食品の容器や広告に「がんが治る」、「体脂肪がつきにくい」、「虫歯の原因になりにくい」などと記載すると、不正表示とみなされる可能性が高いでしょう。また、医薬品や保健機能食品であっても、認められた範囲外の効能や機能の表示を行った場合には、違法となる可能性があります。消費者庁のホームページに過去の違反事例が掲載されていますので、参考にしてください。

こうした場合に適用される法律の規定は、図表4－2－3の通りです。

図表4－2－3　不正表示に関する規定

健康増進法31条	食品として販売するものに関して、健康の保持増進の効果等について、著しく事実に相違又は人を誤認させるような表示をすることはできない。
景品表示法5条	商品の品質等について、実際よりも著しく優良である、又は事実に相違して他の事業者のものよりも著しく優良であるなどと表示することはできない。
医薬品医療機器等法68条	医薬品として承認されていないものは、その効能等について広告はできない。

(2) 罰則

医薬品医療機器等法違反の場合、懲役若しくは罰金又はこれらを併科^(注)される場合があります。健康増進法や景品表示法違反の場合は、違反表示是正のための勧告や措置命令が行われ、公表されます。命令に従わない場合は、罰則が科されます。景品表示法では、罰則とは別に課徴金納付の制度も規定されています。

(注)　「併科」とは、懲役と罰金の両方を同時に科すことを言います。これと似た法律用語に「両罰」がありますが、これは違法行為を行った本人とその使用者である法人の両方を罰する場合に使われます。

4.3 製品の安全と廃棄物の処理

PL法の概要と対策

 製造業の経営者です。PL 法により多額の損害賠償を請求されている企業のニュースを見て、対策を強化しようと思いました。PL 法の内容や必要な対策について教えてください。

Point

- *PL 法では、製造業者が無過失でも損害賠償責任が発生します。*
- *賠償額が高額になる場合があるので、企業リスクととらえ、対策を立てておく必要があります。*
- *欠陥品を出さないことが一番大切ですが、適切な表示や PL 保険への加入も対策として有効です。*

1 | PL 法とは

「PL 法」は、製造物の欠陥によって拡大損害を受けた第三者に対して、製造業者が損害賠償責任を負うことを定めた法律です。拡大損害とは、欠陥被害が当該製造物自体の損害にとどまらず、人の生命や身体、当該製造物以外の財産に損害が及ぶことを言います。

この法律の特徴は、製造業者に過失がなくても、製造物の欠陥と被害に因果関係があるだけで、製造業者の損害賠償責任が生じることです（無過失責任）。民法における損害賠償責任は、損害を与えた者に故意又は過失があることが前提ですが、一般の消費者が企業相手に過失又は故意を立証するのは多大な時間と労力を要します。そのため、無過失責任の定めにより、被害者救済に配慮しています。

PL 法による損害賠償は経営を脅かすリスクとなりますので、その内容を理解し、対策を立てておくことは、企業経営にとって重要な取組みの一つです。

2 | PL 法の対象

PL 法は 1 条で、製造物の欠陥により人の生命、身体又は財産に被害が生じた場合の製造業者等の損害賠償責任について定めています。この規定の中の重要な項目

を解説すると、次の通りです。

(1) **欠陥**

製造物を引き渡した時点での欠陥が対象となります（設計上の欠陥、製造上の欠陥）。欠陥とは、その製造物が通常有すべき安全性を欠いていることを指します。例えば、ブレーキが壊れた自動車などです。製品そのものには問題がなくても、使用上の危険に関して取扱説明書などの記載不備（指示・警告上の欠陥）があると、欠陥とみなされる場合もあります。

(2) **製造物**

PL法では、製造物を製造又は加工された動産と定めています。動産には、通常の工業製品だけでなく、食品や薬品、調味料なども含まれます。土地や住居などの不動産や、ソフトウェアなどの無体物は対象になりません。製造又は加工されていない動産も、対象となりません。

(3) **製造業者等**

製造物を業として製造、加工又は輸入した者が対象となります。また、これ以外でも、製造物に氏名、商号、商標などが製造者として表示されている場合は、製造業者等に含まれます。

(4) **免責事由**

①製造物を引き渡した時点の科学・技術の知見では、欠陥を認識できなかった場合、②部品や原材料の欠陥であっても、それが最終製造物事業者の設計指示に従っているに過ぎない場合の部品等製造事業者は、損害賠償責任を免れます。

3 主なPL法対策

PL法の対策としては、以下のようなことが考えられます。

[対策1] 設計段階において危害想定による対策を打つとともに、製造段階でも十分な工程・品質管理によって、欠陥品の流通防止を図ります。

[対策2] 欠陥のない製品であっても、使用上の危険性を予見できるものは、警告や注意などの表示を適切に行います。

[対策3] 中小企業にとって、高額な賠償金の支払いは大きな経営負担になります。万一の場合に備えて、PL保険に加入することも検討します。

事業に伴う廃棄物の処理について

Q57 新事業の開始に伴って、廃棄物が出ることになりそうですが、どのように処分すればいいのかわかりません。廃棄に関する基本的な考え方を指導していただけないでしょうか。

A57

Point

・事業に伴って生じた*廃棄物*は、*事業者自らの責任で処理*する必要があります。
・*委託先事業者*には、*一般廃棄物処理業者*と*産業廃棄物処理業者*があります。
・事業者は、委託先処理事業者の適正処理に対しても責任があります。

1 事業者自らに求められる廃棄物処理

「廃棄物処理法」では、事業者は事業活動に伴って生じた廃棄物を、自らの責任で処理しなければならないと定めています。家庭からの廃棄物のように自治体による回収サービスを利用することはできませんので、事業者は廃棄物処理法に従って、自らの廃棄物を廃棄できる体制を確保しなければいけません。

2 事業に伴う廃棄物の分類

図表4－3－1に示すように、事業活動に伴って生じる廃棄物は、次の3種類に分類されます。

(1) **事業系一般廃棄物**

事業活動に伴って生じた廃棄物のうち、産業廃棄物（(2)参照）以外のものです。例えば、生ごみなど家庭からの廃棄物と同じものでも、事業活動から発生したもの

図表4－3－1　廃棄物の分類

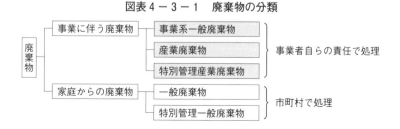

は事業系一般廃棄物となりますので、事業者の責任で処理しなければなりません。

(2) 産業廃棄物

事業活動に伴って生じた廃棄物のうち、燃え殻、汚泥、廃油、廃酸、廃アルカリ、廃プラスチック類その他政令で定める20種類の廃棄物と輸入された廃棄物を指します。

(3) 特別管理産業廃棄物

産業廃棄物のうち、爆発性、毒性、感染性その他の人の健康又は生活環境に被害を及ぼすおそれがある性状を有する廃油、廃アルカリ、廃アルカリ等が該当します。これらの廃棄物を排出する事業所には、特別管理産業廃棄物管理責任者の設置が必要です。

3 廃棄の方法

どの分類の廃棄物についても、自ら処理する方法と廃棄物処理業者に委託する方法があります。廃棄物処理業者には、市町村から許可を受けた一般廃棄物処理業者、都道府県から許可を受けた産業廃棄物処理業者があり、市や都道府県のホームページなどで確認することができます。業者ごとに、特定管理廃棄物の処理能力などが異なります。

4 廃棄業者との委託契約

前述した廃棄物処理業者と契約を結び、廃棄物処理を委託することができます。しかし、廃棄物処理法で課された事業者の処理責任が軽減されるわけではありません。処理業者が行う内容についても委託した事業者の責任が問われ、前述した罰則の対象となりますので注意が必要です。委託契約にあたっては、契約内容について十分確認をしてください。

5 事業者に求められる役割とリサイクル法

廃棄物処理法は、事業者が廃棄物の再生利用によってその減量に努めなければならない旨を定めています。ここでは廃棄物の処理について説明しましたが、廃棄物としての処理を考える前に、再利用を検討することも重要です。廃棄物処理法の特別法として、食品、容器包装、自動車、家電、小家電、建設などの各種リサイクル法があり、リサイクルに関する事業者の責任なども定められています。

4.4 知的財産権に関する法律と制度

知的財産権の種類と概要

 自社製品について、自己防衛と他社製品との差異化の目的で知的財産権を取得したいと考えています。どのような領域で権利を取得し、活用すればいいでしょうか。

Point

- *知的財産権は、知的創造物についての権利と、営業上の標識についての権利に大別されます。*
- *知的財産権には、登録により発生するものと、創作等により直ちに発生するものがあります。*

1 ｜ 知的財産権の種類

「知的財産権」とは、知的財産に関する権利の総称です。単体で知的財産権というものはありません。知的財産権は、特許権や著作権など創作意欲の促進を目的とした知的創造物についての権利と、商標権や商号など使用者の信用維持を目的とした営業上の標識についての権利に大別できます（図表4－4－1）。

なお、「産業財産権」という言葉もありますが、これは知的財産権のうち、特許権、実用新案権、意匠権、商標権の四つを指します。

2 ｜ 知的財産権の概要

知的財産権には、登録により発生するものと、創作等により直ちに発生するものがあります。

知的財産権のうち、産業財産権は特許庁に、回路配置利用権（半導体の回路配置を一定の範囲で独占的に利用することができる権利）は一般財団法人ソフトウェア情報センターに、育成者権（植物の新品種を育成した場合に、これを独占的に利用することができる権利）は農林水産省に登録することにより権利が発生します。著作権は著作物を創作した時点で、著作隣接権は実演等を行った時点でそれぞれ権利が発生するため、権利取得のための登録手続は不要です。ただし、譲渡などについ

第4章 商品の開発・販売に関する法律 133

図表4－4－1 知的財産権の種類と概要

区分	種類	概要
知的創造物についての権利	特許権 （特許法）	新規性、進歩性がある発明（自然法則を利用した技術的思想の創作のうち高度のもの）を出願日から20年まで保護
	実用新案権 （実用新案法）	新規性、進歩性がある物品の形状・構造・組合せに関する考案（自然法則を利用した技術的思想の創作）を出願日から10年まで保護
	意匠権 （意匠法）	新規性、創作性がある物品の形状・模様・色彩（外観デザイン）を設定登録日から20年まで保護
	著作権 （著作権法）	文芸・学術・美術・音楽の創作的な表現を作者の死後50年間保護（映画は70年間）
	回路配置利用権 （半導体集積回路の回路配置に関する法律）	半導体集積回路の回路配置を設定登録日から10年間保護
	育成者権 （種苗法）	植物の新品種の育成者に与えられる権利。品種登録によって発生し、保護期間は登録日から25年間（樹木の場合は30年間）
	営業秘密 （不正競争防止法）	企業が有する製造技術、顧客情報の盗用などの不正行為を規制
営業上の標識についての権利	商標権 （商標法）	商品・役務に使用する標章（文字・図形・記号など）を設定登録の日から10年間保護（更新可能）
	商号 （商法）	商取引で自己を表示するために用いる名称を保護
	商品等表示 （不正競争防止法）	周知・著名な商標や商号の紛らわしい使用や、他人の商品形態の模倣、原産地を誤認させるような表示などを禁止

ては、権利の明確化のため文化庁に登録制度が設けられています。

　また、知的財産権の保護に関連して、不正競争防止法に規定されている不正競争行為（Q52参照）によって営業上の利益を侵害され、又は侵害されるおそれのある者には、不正競争行為の差止めや損害賠償を請求する権利が認められています。

　特許に代表される産業財産権は、主に革新的で経済的価値のある発明や製品デザインに対して独占使用権を付与するものです。一方で、必ずしも革新的ではなくても、企業の特徴的な活動により得られる製品の品質的価値（ブランド力）を背景にした表示や形態なども、知的財産権として価値があります。そこで、不正競争防止法では、これらに対して権利を付与するだけではなく、これらの成果にただ乗りするような不正行為を規制しています。

　このように、法律的には知的財産権は多面的に保護されており、革新的なものづくり企業だけでなく、どのような企業でも知的財産を事業の優位性発揮のために有効活用することが可能です。

特許権の活用と知財経営の課題

Q 59 当社はいくつか特許権を取得しましたが、優位性を発揮できているとは思えません。特許権の有効な活用法と、中小企業が知財経営を進める上での留意点をご教示ください。

A_{59}

Point

- ・特許権による競争優位性を発揮するためには、市場における強力な権利を創造・保護し、それを活用することが大切です。
- ・競合他社の権利侵害品については、警告・訴訟等により参入を阻止できます。
- ・ライセンスにより対価収入を得るという活用方法もあります。
- ・中小企業の知財経営では、コスト負担や共同開発における権利の確保が課題となります。

　ご質問の趣旨から、ここでは知的財産権（特許権）の活用法を説明した後、中小企業が特許を活かした知財経営を進める上での課題と留意点を指摘します。

1 知財経営

　「知財（知的財産）経営」とは、知的財産によって競争力を確保・維持・強化する経営手法のことです。事業活動の成果や経営資源のうち経済価値の大きいものを知的財産として権利化し、侵害行為に対する警告・訴訟を行い、競争優位性のある製品を製造・販売することにより利益を確保することが可能になります。特許権の場合は、ライセンスによって対価収入を得ることもできます。

2 知的財産の活用方向

(1) 権利の創造

　権利行使の前提として、市場参入に必須となる技術等を創造し、それを適切に権利化することが必要となります。この過程では、弁理士とよく相談することが大切です。特許の場合は、その技術領域で基本となる特許を特定し、それを核に周辺特許を固める（特許ポートフォリオ）必要があり、そのための研究開発も求められます。

(2) 侵害行為に対する警告・訴訟

競合他社が権利侵害の疑いのある製品を市場に投入してきた場合には、警告・訴訟等により市場参入を阻止することができます。特許権の侵害が成立するためには、①特許権が有効に存続していること、②相手方が正当な権原又は理由なく業として実施していること、③実施している物又は方法が特許発明の技術的範囲に属すること、が必要になります。

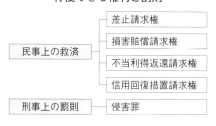

図表4－4－2　特許権侵害に対して行使できる権利と罰則

相手方の行為が特許権を侵害していると確信できた場合、侵害行為の停止等を求めて警告書を送付するのが一般的です。訴訟事件となると費用や労力の負担が大きくなるので、まずは当事者間での解決の途を探るためです。

警告による当事者間での解決が困難な場合には、特許権侵害訴訟を提起して裁判による解決を目指すことになります。民事上の救済としては、差止請求権、損害賠償請求権、不当利得返還請求権、信用回復措置請求権が認められています。損害賠償請求権については、特許権の保護を実効あるものにするために、特許権侵害行為による損害額を推定する規定や侵害者の過失を推定する規定が民法の特則として特許法に設けられています。

(3) ライセンス

特許権は、業として特許発明を独占的に実施することができる権利ですが、特許発明の実施を希望する他社にライセンス（通常実施権の許諾）をして、ライセンス料を支払わせるという活用方法もあります。ライセンス料については、実施実績に応じたランニングロイヤルティとする方法、実績に関係なく定額実施料とする方法、両者を併用する方法等があります。

また、自社の特許権と他社の特許権を相互にライセンス（クロスライセンス）することで、お互いの製品をカバーしつつ、第三者の参入を排除し、市場を独占するという活用方法も考えられます。このクロスライセンスは、特許権侵害として訴えられた場合の解決策として活用することもできます。

(4) その他

特許権を取得したものの、自社では特許発明を実施する可能性がない場合には、特許権を譲渡することにより対価を獲得することもできます。

また、特許出願の内容が公開（出願公開）されると、それ以降はその発明につい

て誰も特許を受けられなくなります。自社での権利化が金銭的に難しい場合には、このような出願公開の効果を狙ったやり方も一考かもしれません。

3 | 中小企業の知財経営の問題点

　近年、国の知財重視の政策により、中小企業においても知財経営の重要性がある程度認識されてきましたが、コスト負担や大企業等との共同開発における権利確保などが、知財経営を進める上で留意すべき課題となっています。

(1)　コスト面の課題

　前述した知財経営の目的に沿って、市場における優位性を確保するためには、基本特許とその周辺特許を、多面的に取得する必要があります。特許の出願数が増えれば、代理人費用を含めた権利取得費用は増えますし、権利行使や交渉などにも費用がかかりますので、決して負担は軽くありません。

　特許保有の有無と企業業績の相関は高いという調査もありますが、費用対効果を常に期待できるわけでもありませんので、無計画な知財活動は避けるべきです。

　現代のグローバル経済環境下では、ビジネスを行おうとする国ごとの出願は必要ですが、一律に権利を取得するのではなく、製品の商流や権利行使の実現可能性などを踏まえた上で、出願国を検討することも必要です。

　製品領域によっては、外国出願を最低限に抑えて、国内特許の出願を手厚くすることで、国内の権利を充実していくのも、中小企業としてはあり得る選択肢の一つでしょう。

(2)　共同開発成果の権利確保について

　近年、中小企業と大手企業との共同開発が盛んに行われていますが、共同開発であるにもかかわらず、開発成果の権利化において、中小企業側が泣き寝入りしている事例も見られます。

　このような事態を避けるためにも、中小企業としては、書面による契約を取り交わす意識を持つことが大切です。そのためには、共同研究の開始前の交渉段階の力関係を戦略的に利用する必要があります。

　中小企業と大手企業の共同開発は、大手企業が中小企業側の技術に価値を見い出したことをきっかけに始まるのが通例です。この時点では中小企業が大手企業と対等か優越的な立場にあることが多いので、このことを認識した上で、成果物の権利化に関する交渉を進めるべきです。

コラム　知的資産経営とは

「知的資産」とは、知的財産だけでなく、企業の競争力の源泉となる人材、技術、技能、組織力、経営理念、顧客とのネットワークなどまで含めた、財務諸表には表れてこない（目に見えにくい）経営資源の総称です。

意識するしないにかかわらず、企業は固有な技術、顧客や地域等との関連性、信頼、伝統等の長年の営業活動によって蓄積された独自の強み、つまり、知的資産を競争力として事業を継続してきています。特に、無意識のうちに築いてきたその企業独自の強みの中に、知的資産と言えるものが多くあります。こうした知的資産の育成強化に意識的、意欲的に取り組まないと、いずれ競争力が衰え、陳腐化することになります。

現代のような知識ベースの競争時代にあっては、知的資産を開発、育成、活性化できることが、事業を成功に導く不可欠な要件になっています。このような価値創造活動を適切にマネジメントしていく方法が、「知的資産経営」です。

中小企業基盤整備機構のホームページから、知的資産経営報告書作成マニュアルや事例集などがダウンロードできます。知的資産経営報告書は、地域密着型金融における事業性評価の材料として、また事業承継において後継者が引き継ぐ事業優位性の根本を理解する手段としてなど、あらゆる場面で用いられる有効なツールです。

有力な知的財産権を持つ企業だけでなく、これといった知的財産権がない企業でも、知的資産経営書は有効な経営戦略策定のツールとして利用することができます。

特許出願の流れと特許料減免・補助金制度

Q_{60} 特許出願手続の流れについて教えてください。また、特許料や審査請求料が減免される制度があると聞きました。これは、どのような制度なのでしょうか。

A_{60}

Point

- ・特許出願をしても審査請求の手続をしないと、審査は開始されません。
- ・中小ベンチャー・小規模企業等は、審査請求料や特許料の減免を受けられます。
- ・独自に補助・助成制度を設けている地方自治体等があります。

1 │ 特許出願の流れ

「特許出願」は、願書に明細書、特許請求の範囲、必要な図面及び要約書を添付して特許庁に提出する手続です。

ただし、単に出願をしただけでは審査は開始されません。審査を受けるためには、出願の日から3年以内に審査請求をしなければなりません。審査請求をしなかった場合には、出願は取り下げたものとみなされます。所定の条件を満たす場合には、早期審査、優先審査を受けられる制度も設けられています。

審査の結果、審査官が特許を認めるべきと判断すれば、特許査定がなされます。審査官が特許を認めるべきでないと判断した場合には、その理由（拒絶理由）が通知されます。かなり高い割合で、拒絶理由が通知されます。これに対し出願人は、意見書や手続補正書を提出することが認められています。弁理士と相談して、補正などの対策を講じる必要があります。意見書、補正書の提出があった場合には、その内容を踏まえて、さらに特許性の判断がなされます。直接審査官に面接し、自己の発明の技術的な説明をすることもできます。その結果、審査官が拒絶理由は解消したと判断すれば、特許査定がなされます。特許査定があった場合には、3年分の特許料を納付することを条件に特許権が発生します。

なお、意見書や手続補正書を提出しても、審査官が拒絶理由は解消していないと判断した場合には、拒絶査定になります。この判断に不服のある出願人は、拒絶査定不服審判を請求することができます。審判の請求があった場合には、審判官3名

図表4−4−3　特許出願の手続の流れ

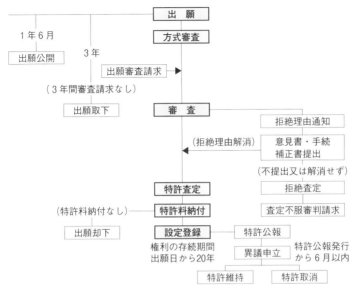

出典：特許庁「出願の手続（平成28年度版）」を加工

の合議により、出願に係る発明について特許すべきか否かの審理がなされます。

2　特許に関する減免・補助金等の制度

(1)　特許料等の減免制度

　中小ベンチャー企業・小規模企業、市町村民税非課税者、法人税非課税法人や研究開発に力を入れている中小企業などに対し、審査請求料や特許料（第1年分〜第10年分）等の料金が減免される制度が設けられています。特許庁のホームページに詳細が掲載されています。要件に合致してさえいれば減免を受けられますので、自社が減免の対象になるかどうか確認してみてください。通常の特許申請費用と審査・登録費用についても、特許庁のホームページにて確認できます。

(2)　補助金等の制度

　減免制度のほかにも、地方自治体等で知的財産権に係る補助・助成制度を設けているところがあります。なかなか発見できないものもありますので、直接、地方自治体等に問い合わせてみるといいでしょう。一般的には、特許権取得経費の2分の1以内、30万円程度を上限とした補助を行うことが多いようです。

意匠権設定によるデザインの保護

Q61 当社は家具のデザイン会社ですが、最近、当社のデザインを盗用したと思われる家具を見かけるようになりました。どのような防衛・対抗手段がとれるでしょうか。

A61
Point

- *工業的に量産可能な物品のデザインを保護する法律に、意匠法があります。*
- *意匠権の設定登録を受けた意匠は、最長20年間保護されます。*
- *物品のデザインについては、不正競争防止法でも保護される場合があります。*

1 意匠法による防衛・対抗

「意匠法」は、工業的に量産可能な物品に係るデザイン（形状・模様若しくは色彩又はこれらの結合）を保護する法律です。意匠権の設定登録を受けることにより、登録意匠とこれに類似する意匠の独占排他的な実施が確保されます。家具、家電製品、包装容器など身の回りにある工業製品ばかりでなく、小さな部品や産業機械などさまざまなものが意匠権によって保護されています。登録された意匠は、設定登録から最長20年間保護されます。特許庁の審査を経て、原則として意匠公報で公開されるので、権利の所在や内容は明らかです。

登録意匠と同一又は類似するデザインが無断で使用されている場合には、意匠権に基づきその使用の中止を求める差止請求、過去の侵害行為に対する損害賠償請求などが可能です。意匠権は物品の外観デザインについての権利なので、権利の内容がわかりやすく、意匠公報により権利の所在を示すことで、訴訟に発展するまでもなく、デザインの盗用行為を抑制できると考えられます。なお、意匠権を取得することによって、模倣品対策のほかにも、ブランド力強化、技術保護の補完など、さまざまなメリットが期待できます。

また、意匠法には、物品の一部についての特徴的なデザインを効果的に保護するための部分意匠制度、同じデザイン・コンセプトから創作される一連のバリエーションを保護するための関連意匠制度など、デザイン創作の実情に即した各種制度が設けられており、これらの制度をうまく活用することで、企業は大切なデザイン

を適切に保護することができます。

ただし、意匠登録を受けるためには、法に定められた拒絶理由に該当しないことが求められます。例えば、今までにない新しい意匠であること（新規性）等は必要条件となっています。したがって、少なくとも世の中に公表する前に意匠登録出願をすませておく必要があります。

ご質問の場合も、既に公表されているデザインの意匠登録は難しいですが、公表されていない新しいデザインについては、意匠登録を受けておくことをおすすめします。

2 | 不正競争防止法による防衛・対抗

「不正競争防止法」は、公正な事業者間の競争秩序の維持を図ることを目的とした行為規制法です。デザインに関しては、他人の商品の形態を模倣した商品を流通させる行為を不正競争に該当するものとして禁止しています。したがって、デザインが盗用された場合には、不正競争防止法に基づきその使用の中止を求め（差止請求）、また、盗用により被った損害の賠償を請求することが可能です。

ただし、不正競争防止法では、デッドコピー（複製品）しか規制されず、また、日本国内で最初に販売された日から起算して3年を経過した商品の形態を模倣した商品を流通させる行為は、不正競争の対象外とされます。ご質問のような物品のデザインの保護については、意匠法での対応が原則と考えるべきです。

なお、商品の形態が商品の出所表示としても広く認識されるように至っているような場合には、周知表示と混同を惹起する行為として、不正競争に該当すると判断されることもあり得ます。

不正競争防止法による防衛・対抗については、意匠権のような明確な権利が付与されるものではないため、裁判によらないと最終決着しにくいものの、もしもの時の防衛・対抗手段として覚えておくといいでしょう。

3 | その他の法律による防衛・対抗

ある物品の外観デザインが出所表示としても広く認識されている場合には、立体商標として商標法に基づき商標登録を受けられる可能性があります。コカ・コーラの瓶の形状が典型的な例です。

その他、近年では幼児用椅子のデザインについて著作物性が認められたケースがあり、工業製品のデザインが著作権法によって保護される可能性もあります。

商標登録の流れ

ピザを売りにして新規オープンするイタリア料理店の店名を商標登録しようと思っています。商標登録までの手続の流れを教えてください。

A₆₂

Point

- 商標登録出願の際には、商標を使用する商品・役務を指定する必要があります。
- 出願後、最初の審査結果が通知されるまでの平均期間は、約4ヵ月です。
- 登録料は、10年分を一括して納付するほか、分割納付も可能です。

1 商標登録出願

「商標登録」を受けるためには、特許庁に商標登録出願をします。商標は自他の商品・役務（サービス）を識別するための標識ですので、出願に際しては、登録を受けようとする商標を明らかにするだけでなく、その商標をどのような商品・役務の標識として使用するかについても出願書類に記載する必要があります。ご質問のケースでは、「イタリア料理の提供」や「飲食物の提供」という役務を指定することになるでしょう。ただし、持ち帰り用に提供される飲食物については、役務ではなく商品であると理解されますので、持ち帰り用にピザの販売も行う場合には、商品「ピザ」についても指定が必要です。指定する商品・役務については、出願後に追加することができませんので、適切な権利を取得するためには弁理士に相談することをおすすめします。

なお、商品・役務については、第1類から第45類までの国際分類に区分されており、この区分も願書に記載する必要があります。商品・役務の区分については、特許庁のホームページなどでも調べられます。

2 出願公開と審査

商標出願手続が完了すると、出願内容が公開されます。出願内容については、独立行政法人工業所有権情報・研修館（INPIT）が運営する特許情報プラットフォーム（J-PlatPat）というウェブサイトで確認できます。

また、並行して出願内容についての実体的な審査が行われます。特許出願のように、審査請求をする必要はありません。審査では、主に出願された商標が自他の商品・役務を識別するための標識としての機能を発揮するかどうか、また、他人が先に出願した商標と同一又は類似していないかどうか等について検討されます。最初の審査結果が通知されるまでの平均期間は、約 4 ヵ月です（2015年実績）。

審査の結果、審査官が登録すべきでないと判断した場合には、拒絶理由が通知されます。これに対して出願人は、意見書や手続補正書を提出することができます。そして、このような書類の提出があった場合には、その内容を踏まえて、さらに登録性の判断がなされます。

3 登録料の納付

審査の結果、審査官が登録すべきと判断すれば、登録査定に進みます。登録査定があった場合には、登録料を納付することを条件に商標権が発生します。登録料は、10年分の一括納付が一般的ですが、前期 5 年分と後期 5 年分に分割して納付することも認められています。

なお、商標権は、他の産業財産権（特許権、実用新案権、意匠権）とは異なり、更新をすることで、半永久的に権利を維持することができます。事業を継続する限り、商標に蓄積された信用を保護する必要があるためです。

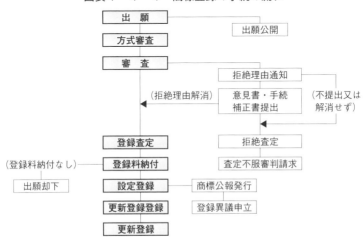

図表 4 － 4 － 4　商標登録の手続の流れ

出典：特許庁「出願の手続（平成28年度版）」を加工

著作者の権利について

Q63 当社は、ロゴマークやパンフレット等を制作するデザイン会社です。依頼者に納品することになっている制作物について、当社はどのような権利を有しているのでしょうか。

A63

Point

・著作者が著作権法の保護を受けるためには、創作物の表現に個性が認められることが必要です。
・著作権法で著作者に付与される権利には、著作権（著作財産権）と著作者人格権があります。

1 著作者の権利

「著作権法」では、創作的な表現をした者に対し「著作権（著作財産権）」と「著作者人格権」を付与し、保護しています。ご質問のロゴマークやパンフレット等については、ありふれたものでなく、その表現に創作性が認められるものであれば、著作物に該当し、著作者は原則として著作権（著作財産権）と著作者人格権を有することになります。

ただし、文字の書体については、著作物として保護すべき創作性を認めることは、一般的に困難であると考えられています。文字には、伝達機能という実用的機能があることなどが理由です。ロゴマークが文字の書体を基礎としたデザインのみで構成されるものである場合、著作物としての保護が受けられない可能性があります。

なお、従業員が創作した場合でも、以下の要件を満たすときは、実際に創作を行った従業員ではなく、デザイン会社が著作者として保護されます（職務著作）。

・著作物の創作が、法人等の発意に基づくものであること
・法人等の業務に従事する者が職務上作成するもの
・法人の著作名義で公表するもの（コンピュータプログラムでは要件なし）
・契約、勤務規則その他に別段の定めがないこと

依頼者との間では、制作したデザインの引渡しのみならず、当該デザインに係る著作権を譲渡するかどうかや、譲渡の範囲（翻案権等を含むかどうか等）などにつ

いてもきちんと契約をしておくことが、トラブルを防ぎます。また、依頼者から受け取る金銭には、デザイン費のほかに著作権の譲渡対価も含まれているのかどうかなどを明確にしておくことが、依頼者との信頼関係構築のためにも大切です。

2 著作権（著作財産権）

著作財産権とは、図表4－4－5のような権利（支分権）が集合したものであり、原則として、著作者の死後50年間存続します。

図表4－4－5　著作財産権

複製権	無断で複製されない権利
上演権	無断で公に上演されない権利
演奏権	無断で公に演奏されない権利
上映権	無断で公に上映されない権利
公衆送信権	無断で公衆に送信されない権利
送信可能化権	無断で自動的に公衆に送信し得る状態におかれない権利
口述権	（言語の著作物について）無断で公に口述されない権利
展示権	（美術の著作物又は未公表の写真の著作物について）無断で公に展示されない権利
頒布権	（映画の著作物について）無断で複製物により頒布（譲渡・貸与）されない権利
譲渡権	（映画の著作物以外について）無断で譲渡によって公衆に提供されない権利
貸与権	（映画の著作物以外について）無断で貸与によって公衆に提供されない権利
翻訳権、翻案権など	無断で翻訳、翻案などされない権利
2次的著作物の利用に関する原著作者の権利	2次的著作物の利用について原著作物の著作者が有する権利

3 著作者人格権

著作物を創作した者（著作者）は、著作権（著作財産権）のほかに、著作者人格権も有しています。著作者人格権は、著作者としての人的利益を保護する権利であり、公表権、氏名表示権、同一性保持権の三つがあり、これらは譲渡することができないものとされています（図表4－4－6）。

図表4－4－6　著作者人格権

公表権	未公表の著作物を公表するかしないかを決定する権利
氏名表示権	著作物に自己の氏名（又はペンネーム）を表示するかしないかを決定する権利
同一性保持権	著作物の内容や題号を他人に無断で改変されない権利

他人の著作物の利用について

Q64 ホームページやパンフレットなどの営業用資料に他社の著作物を引用する場合、どのような点に注意すればいいでしょうか。また、店舗内で映像を配信する場合はどうでしょうか。

A64
Point

- 公表済の著作物は、正当な範囲内で引用することができます。
- テレビやラジオの放送を家庭用受信機で見せる（聴かせる）場合には、著作権者の許諾は不要です。

1 他人の著作物の引用

著作権法で保護されている他人の資料などの著作物であっても、公表済のものについては、引用して使うことができます。ただし、この引用は公正な慣行に合致しており、引用の目的上正当な範囲内で行われる必要があります。判例によれば、以下の要件が求められています。

①主従関係：引用する側とされる側とが質的量的な主従関係にあること
②明瞭区分性：両者が明確に区分されていること
③必然性：その引用をするための必然性があること
④出所の明示：引用される著作物の出典（著作者名を含む）を明記すること

ご質問のように、営業用資料に他人の著作物を引用する場合には、引用部分を明確に区分けし、引用部分の方が主とならないように十分注意する必要があります。

なお、文章に限らず、インターネット等に掲載されている写真や図柄などを無断で利用することは著作権の侵害になる可能性がありますので、以上のような要件を満たさないような利用は控えるべきです。さらに、写真などに人物が写っている場合には、著作権に加えて肖像権も侵害する可能性があります。

2 店舗における音楽・放送等の利用

テレビやラジオの放送については、一定要件下で著作権が制限されており、店舗において、通常の家庭用受信装置を用いてそのまま流すことに関しては、著作権者

の許諾は不要とされています。街の食堂や喫茶店で、家庭用の受信機により放送を見せる（聴かせる）ような場合がこれに相当します。

しかし、CD や DVD などのメディアに録音・録画された著作物を店舗で無断再生する行為は、上演権・演奏権ないし上映権の侵害になります。これら音楽などに関する著作権については、一般社団法人日本音楽著作権協会（JASRAC）などの管理団体に著作権の管理が委託されていることがあります。そのような場合には、著作者自身ではなく、当該管理団体を通じて許諾を受けることになります。

3 | その他の著作権の制限

これらのほかにも、例えば図表4－4－7のような場合に、一定要件下で著作権が制限されます。逆に言えば、この範囲で他人の著作物の利用は可能です。

図表4－4－7　著作権が制限される例

私的使用のための複製	自分自身や家族など、限られた範囲内で利用するために著作物を複製することができる。
付随対象物の利用（写り込み）	写真撮影などの際、撮影対象との分離が難しく、写り込んでしまった他の著作物については、その撮影などに伴う複製は許容される。
図書館での複製	法令で定められた図書館などに限り、利用者に対し複製物の提供を行うことができる。
行政資料などの転載	国などが行政の PR のために発行した資料などは、説明の材料として新聞、雑誌などに転載することができる。
非営利目的の上演など	営利を目的とせず、観客から料金をとらない場合は、著作物の上演・演奏・上映・口述（朗読）などができる。

4 | 著作物利用についての新しい動き

⑴　ロイヤリティフリー素材提供サービス

写真や動画などの素材について、代金を支払って買う必要はあるものの、追加のライセンス料が不要とされるコンテンツ提供の形態もあります。Fotolia（Adobe）や Thinkstock（Getty Images）などが代表的です。

⑵　著作権者の意思表示

クリエイティブコモンズ・ライセンス（CC ライセンス）という著作権者による著作物の利用許諾に関する意思表示システムがあり、文化庁も2013年から支援を表明しています（次ページコラム参照）。

コラム　クリエイティブコモンズ・ライセンスとは

　インターネット時代の新しい著作権ルールと言われている、「クリエイティブコモンズ・ライセンス（CC ライセンス）」について、簡単に紹介します。

　CC ライセンスとは、著作権のある著作物の複製、頒布等の利用許諾に関する意思を、あらかじめ著作権者が表示しておく仕組み（意思表示システム）です。クリエイティブコモンズという米国の民間団体が運営するもので、わが国では、クリエイティブコモンズ・ジャパン（活動母体：特定非営利活動法人コモンスフィア）が普及活動を行っています。このような表示が用いられることによって、著作物の円滑な流通・利用が促進されることが期待されています。

　CC ライセンスの仕組みは、次表のような基本四つの組み合わせで、公開するにあたってのライセンス条件を示すものです。

CC ライセンスのマークと概要

マーク	名称	概要
（i）	表示	作品クレジットを表示すること
🚫$	非営利	営利目的での利用をしないこと
＝	改変禁止	元の作品を改変しないこと
○	継承	元の作品と同じ組み合わせの CC ライセンスで公開すること

実際に取り得るライセンスの選択肢としては「表示」を必須の選択条件として、その他の条件を適宜組み合わせた、以下の 6 通りがあります（「改変禁止」と「継承」は同時採用できません）。
・表示
・表示＋改変禁止
・表示＋継承
・表示＋非営利
・表示＋非営利＋改変禁止
・表示＋非営利＋継承

出典：「文化庁月報」2013 年 3 月号

　なお、CC ライセンスのマークが付けられた作品を実際に利用する際には、まず、クリエイティブコモンズ・ジャパンのウェブサイトで詳しい内容を確認・理解することをおすすめします。

第 5 章

会社運営に関する知識
（会社法等関連）

5.1　中小企業の機関設計
5.2　株式制度の概要と利用方法
5.3　中小企業の会計処理

5.1 中小企業の機関設計

株式会社の機関と組み合わせ

 株式会社に必要な機関とその機能について教えてください。また、小規模な会社にも最低限必要な機関とは、どのようなものでしょうか。

A65
Point

・株式会社の意思決定や運営・管理を行う仕組みについては、**実情に即した選択ができますが、株主総会と取締役は必ず設置しなければなりません**。
・多くの場合、設立当時は株主総会と取締役だけでスタートします。

1 機関設計とは

機関設計とは、会社の意思決定や運営・管理を行う機構や地位（にある人）について設計（デザイン）することを言います。機関設計パターンは、機能的には、図表5-1-1のように分類されます。選択可能な組み合わせは、3パターンです。

2 機関の種類と機能

●**株主総会**：株式会社の最高意思決定機関で、取締役・監査役の選任・解任など、株式会社の組織・運営・管理などに関する重要事項を決定します。決算期ごとに開催される定時株主総会と、必要に応じて開催される臨時株主総会があります。
●**取締役（取締役会）**：株式会社の業務執行を行う機関です。取締役会は3人以上の取締役によって構成され、代表取締役の選定をはじめ、重要な業務について意思決定を行います。
●**監査役（監査役会）**：取締役の職務執行や会社の会計を監査する機関です。監査役会は3人以上の監査役（うち半数以上は社外監査役）で構成され、監査方針の決定や監査報告の作成などを行います。
●**委員会**：大企業において機動的な経営と実効的な監督を可能にするために設けられた機関で、委員会の設置方法により、次の二つの会社形態があります。
①指名委員会等設置会社：取締役会の中に、社外取締役が過半数を占める3名以

図表5-1-1　株式会社の機関設計パターン

機　能	機　関	選択可能な機能の組み合わせ		
外部監査	会計監査人			外部監査
監査	監査役、監査役会、又は委員会		監査	監査
経営	取締役、取締役会	経営	経営	経営
所有	株主総会	所有	所有	所有

⇐───────┐ 株式非公開中小会社の選択範囲 ┌───────⇒
　　　　　　　⇐ 株式公開中小会社の選択範囲 ⇒
　　　　　　　　　　（取締役会必須）

上の委員による3委員会（指名委員会、監査委員会、報酬委員会）を設置。業務は取締役会が選任した執行役が行い、取締役が3委員会の活動を通して監督する。

②監査等委員会設置会社：取締役会の中に、3名以上の「監査等委員である取締役」（他の取締役とは区分して株主総会で選任され、過半数が社外取締役）による監査等委員会を設置。その他の取締役が行う業務を、監査等委員である取締役が監督する。

●**会計監査人**：主に大企業において計算書類等の監査を行う機関です。会計監査人になれるのは、公認会計士か監査法人に限定されています。

●**会計参与**：新会社法で新設された機関で、取締役と共同して計算書類の作成などを行います。会計参与になれるのは、公認会計士若しくは監査法人又は税理士若しくは税理士法人に限られています。取締役会を設置し監査役や委員会を置かない会社には、会計参与の設置が義務付けられています。

3 ｜ スタートアップ時の機関設計

小規模な会社のほとんどは、「株主総会＋取締役」で設立されています。この機関設計は、すべての株式に対する譲渡制限を定める会社（株式譲渡制限会社、Q68参照）が選択可能で、次のような特徴があります。

・株主と取締役が同一人物の場合が多く、意思決定が早い。

・所有と経営が分離されにくいので、金銭や資産などの面で公私混同が起こりやすい。借入れの際などに、会計の透明性が求められる。

取締役が負う損害賠償責任とは

Q66 次の株主総会で、取締役に就任することが決まりました。取締役に対して法律的に求められる責務・責任とは、どのようなものでしょうか。

A66

Point

・株式会社の取締役は民法の善管注意義務を負うとともに、会社法上の忠実義務も負うものとされています。
・取締役が会社に損害を与えた場合、原則として過失責任を負います。
・取締役の損害賠償責任は、一定の場合、制限されることもあります。

日本の会社では、従業員から取締役に昇格するケースが多く、ややもすると取締役を従業員の延長線上でとらえてしまいがちですが、両者の立場は法律的にはまったく別であり、その責任は大きく異なります。

1 善管注意義務とは

会社法上、株式会社の取締役は会社から経営の委任を受けていると考えられており、民法の委任に関する規定に従うこととされています。この点が、民法の雇用契約又は労働基準法の労働契約上の地位である従業員とは異なります。

民法は、委任を受けた者は、「善良な管理者の注意をもって、委任事務を処理する義務を負う」と定めています。これは、業務を委任された人に対し、その人の職業や専門家としての能力、社会的地位などから通常期待される注意義務のことで、「善管注意義務」と呼ばれます。

2 忠実義務とは

会社法355条は、「取締役は、法令及び定款並びに株主総会の決議を遵守し、株式会社のため忠実にその職務を行わなければならない」と定めています。これを「忠実義務」と呼びますが、善管注意義務と別個の義務を定めたものではないと解されています。会社経営に携わる者として、単なる従業員とは異なり、取締役の職務や地位に値する高度な注意力が要求されるのです。

第5章　会社運営に関する知識（会社法等関連）　153

3 ┃ 取締役の会社に対する責任

　取締役が会社や第三者に損害を与えた場合、損害賠償責任を負うことになります。その場合、会社の損害につながる行為については、原則として過失責任になりますが、無過失責任になる場合もあります。

●過失責任が問われる（過失があった場合だけ責任を負う）ケース

　以下のようなケースでは、取締役自身に過失がなかった場合、損害賠償責任を負うことはありません。ただし、②、③、④については立証責任が転換されており、取締役側が自己の無過失を立証しなければなりません。

　①一般的な法令違反、定款違反等により会社が損害を被った場合

　②違法配当又は違法中間配当（法律で定めた限度額を超えて配当すること）を行った場合

　③株主や総会屋などへ金銭その他の財産の供与（利益供与）をした場合

　④無断で行った会社との取引等により、会社が損害を受けた場合（利益相反取引）

●無過失責任が問われる（過失がなくても責任を負わなければならない）ケース

　ただし、前述したケースのうち、以下の場合において、取締役自身が行為者であるときは無過失責任になります（直接、行為を行っていない取締役については、過失責任になります）。

　①利益供与をした場合

　②自己の利益のために、利益相反取引をした場合

4 ┃ 取締役の責任の制限

　取締役等が会社に損害を与えた場合の損害賠償責任については、次のような場合に制限を受けることができます。

　①総株主の同意がある場合は、賠償責任を全部免除可能

　②法令・約款に違反しても、善意で重過失がない場合、株主総会の特別決議により、図表5－1－2の範囲に制限可能

　ただし、第三者に対する賠償責任については、免除制限規定はありません。

図表5－1－2　取締役の責任の制限（善意で重過失がない場合）

対象役員	賠償責任額の範囲制限
代表取締役	報酬等の6年分
代表取締役以外の取締役	報酬等の4年分
社外取締役、会計参与、監査役、会計監査人	報酬等の2年分

5.2 株式制度の概要と利用方法

株主の権利について知っておくべきこと

中小企業のオーナー経営者ですが、従業員や親族などに株式が分散しているのが気になっています。株主の権利を踏まえ、経営者として注意すべき点を教えてください。

Point

・株主の権利は、自益権と共益権の二つに分けられます。
・株主総会の決議事項によって、必要となる得票数が異なります。
・会社を支配するためには、3分の2以上の議決権分の株式が必要です。

1 | 株主の権利（自益権と共益権）

株式会社における株主の権利は、「自益権」と「共益権」に分類されます（図表5－2－1）。自益権とは、株主が会社から経済的利益を受ける権利であり、権利行使の結果が株主本人の利益に関係するものです。一方、共益権とは、株主が会社の運営に参画する権利で、権利行使の結果が株主全体の利益に影響するものです。

共益権は、すべての株主に、その所有株式数に応じて与えられる単独株主権と、一定数以上の株式を保有する株主（少数株主）にのみ与えられる少数株主権に分か

図表5－2－1　自益権と共益権の例

	項　目	説　明
自益権	剰余金配当請求権	配当を受け取る権利
	残余財産分配請求権	会社解散時に、負債等返済後の財産の分配を受ける権利
共益権	株主総会議決権	会社の基本事項に関する意思決定に関与する権利
	代表訴訟提起権	株主が会社のために役員等に対して訴えを提起する権利
	差止請求権	取締役の違法行為、定款違反などを事前に差し止める権利
	閲覧等請求権	定款、株主名簿、株主総会議事録、計算書類などの閲覧請求権
	株主提案権	株主が株主総会の議案を提出する権利（議題提案権、議案通知請求権、議案提案権など）

＊共益権は、さらに単独株主権と少数株主権に分かれるが、ここでは説明を省略した。

第5章 会社運営に関する知識（会社法等関連）　155

れます。少数株主権は、大株主の意向による偏った経営などへの異議申立てを想定したものです。

2 ┃ 株主総会とその議決権

　株主総会とは、株主が会社の基本事項について意思決定するために必要な機関です。株主総会には、事業年度終了後に招集が義務付けられている定時株主総会と、いつでも招集できる臨時株主総会があります。

　株主の議決権は、原則として1株1議決権の単独株主権です。株主総会には、通常の決議に関する普通決議と重要事項に関する特別決議、これら以外の特殊決議があります（図表5-2-2）。

図表5-2-2　株主総会の決議と要件

決議の種類	定足数	必要得票数	主な決議事項
普通決議	行使できる議決権の過半数	出席株主の議決権の過半数	計算書類の承認、取締役・会計参与・会計監査人の選任・解任及び監査役の選任
特別決議		出席株主の議決権の3分の2以上	監査役の解任、減資、定款変更、組織再編、解散など
特殊決議	なし	議決権を行使できる株主の半数以上かつ出席株主の議決権の3分の2以上	株式譲渡制限会社の定めを設ける（全部の株式を譲渡制限する）旨の定款変更
		議決権を行使できる株主の半数以上かつ出席株主の議決権の4分の3以上	株式譲渡制限会社において、剰余金の配当を受ける権利や残余財産の分配を受ける権利等について、株主ごとに異なる取扱いを行う旨の定款変更

3 ┃ 株主対策

　株式が分散している場合、オーナー経営者が実質的に会社を支配するには、取締役の選任・解任などに必要な過半数の議決権、あるいは定款変更や組織再編などに必要な3分の2以上の議決権の株式を確保しなければなりません。また、後継者に経営権を承継する場合にも、株式の集中が重要になります。

　分散している株式を集中させる方法には、会社による自己株式の取得と経営者本人による取得があります。会社による自己株式取得には、原則として株主総会の決議が必要です。株主全員を対象にする場合は普通決議、特定の株主のみを対象にするには特別決議になります。

156

株式譲渡制限会社の特徴と留意点

Q_{68} 株式譲渡制限会社とは、どのような会社のことでしょうか。また、株式譲渡制限会社にだけ適用される特例があるそうですが、これについても教えてください。

A_{68}

Point

・すべての株式について譲渡制限を定めている株式会社のことを、株式譲渡制限会社（非公開会社）と言います。
・譲渡制限株式を譲渡する場合、会社の承認が必要です。
・株式譲渡制限会社が相続人などから自己株式を取得する場合、売主追加請求権は認めません。
・株式譲渡制限会社では、事業承継対策として、株主の相続人に株式の売渡しを請求することができます。

1 ┃ 株式譲渡制限株式会社とは

　株式会社が発行する株式は原則として自由に譲渡できますが、中小企業が外部の者に会社支配権を奪われないよう、定款で株式譲渡に会社の承認を必要とする旨を定めることができます。

　会社法では、すべての種類の株式について譲渡制限がある株式会社以外の株式会社を公開会社と言います。これに対し、すべての種類の株式について譲渡制限を定めている株式会社を、株式譲渡制限会社又は非公開会社と言います。公開会社と株式譲渡制限会社の主な違いは、図表5－2－3の通りです。

2 ┃ 譲渡制限株式の譲渡

　株式譲渡制限会社の株主が持ち株を第三者に譲渡するときは、株主と取得者は、会社から譲渡の承認を得る必要があります。この承認をするのは、原則として株主総会（普通決議）ですが、取締役会設置会社では取締役会決議となります。

　会社が譲渡を承認しない旨の決定をしたときは、自己又は指定買取人がその株式を買い取らなければなりません。また、譲渡の承認を請求した日から2週間以内に

第5章　会社運営に関する知識（会社法等関連）　157

図表5－2－3　公開会社と株式譲渡制限会社の比較

	公開会社	株式譲渡制限会社
取締役・執行役を株主に限定	不可	定款で限定可
取締役会の設置義務	あり	なし*1
監査役の設置	必要	任意*2
監査役の職務の限定	不可	会計監査に限定可
取締役の任期の伸長	不可	定款で10年まで伸長可*3
株主ごとに異なる取扱い	不可	定款で限定可
株主総会招集通知の発送期限	原則2週間前まで	原則1週間前まで

*1　監査役会設置会社、監査等委員会設置会社、指名委員会等設置会社を除く。
　2　取締役会設置会社では原則必要。
　3　監査等委員会設置会社と指名委員会等設置会社を除く。

会社が諾否の通知をしなかった場合、承認する旨の決定をしたものとみなされます。

3 ┃ 自己株式取得と売主追加請求権

　株式会社が自ら発行した株式（自己株式）を取得するときは、原則として株主総会の普通決議が必要です。

　ただし、特定の株主から自己株式を取得するときは、株主総会の特別決議が必要となります。このとき、特定の株主以外の株主は、自己も売主にすることを株式会社に請求できますが（売主追加請求権）、株式譲渡制限会社が株主の相続人その他の一般承継人から自己株式を取得する場合は、売主追加請求権は認められません。

4 ┃ 譲渡制限株式の売渡し請求

　譲渡制限株式を発行している会社（公開会社を含む）は、相続その他の一般承継により譲渡制限株式を取得した者に対し、その株式の売渡しを請求できる旨を定款で定めることができます。これにより、相続などで自社にとって好ましくない者が株主になることを防げます。

　ただし、売渡し請求の対象者は、株主総会での議決権行使ができません。このため、相続人以外の少数株主により後継者への売渡し請求が可決されてしまうおそれがあります。対策として、後継者には相続その他の一般承継ではなく、特定承継（売買、贈与、遺贈）で株式を承継することが考えられます。特定承継による取得は、売渡し請求の対象外となるためです。

事業承継に活用できる種類株式

Q
69
中小企業経営者の後継者候補です。現経営者の父からは、生前に経営権を譲ると言われています。そこで、事業承継に活用できる株式について教えてください。

A_{69}

Point

・会社が発行できる普通株式以外の株式を、種類株式と言います。

・種類株式には、譲渡制限株式、議決権制限株式など、九つの種類があります。

・円滑な事業承継のためには、3分の2以上の議決権の株式の確保が必要です。

・種類株式を活用して相続争いを回避しつつ、上手に事業承継を進めましょう。

1 | 種類株式の活用

会社法108条1項では、会社が発行できる普通株式以外の株式（種類株式）を9種類、列挙しています。一定の要件を満たすことで、譲渡制限株式、議決権制限株式、優先株、拒否権付種類株式など、権利の内容が異なる複数の種類株式を発行することができます。

2 | 譲渡制限株式

経営者は後継者のために、定款変更や組織再編など、株主総会の特別決議に必要な3分の2以上の議決権の株式を確保しておく必要があります。

一般的に、中小企業では株式の譲渡に制限を設けています。それにより、株式の分散や会社にとって好ましくない者への株式の譲渡を防ぐことができます。ただし、相続などの一般承継の場合は、会社の承認を得る必要がありません。そこで、定款で定めることによって、譲渡制限株式が相続などの一般承継によって移転した場合に、その株式を取得した者に対し、株式を会社に売り渡すよう請求することができます。

3 | 議決権制限株式

現経営者の死後、後継者候補に会社の経営権を集中させる方法にはさまざまなも

のがありますが、議決権制限株式もその一つです。

　議決権制限株式とは、株主総会で議決権を行使することができる事項やその条件について制約が設けられた株式です。後継者以外には議決権制限株式を取得させておけば、経営への介入を防止することができます。

4 ｜ 優先株との組み合わせ

　例えば、社長の妻はもう亡くなっており、後継者候補である長男の他に長女、次男がいるとします。現経営者が長女や次男の遺留分を考慮しながら、「後継者である長男には普通株式を、長女や次男には議決権制限株式を取得させる」という内容の遺言書を作成しておきます。これにより、議決権のある普通株式の分散を回避し、後継者である長男に会社の経営権を集中させることができます。

　会社が剰余金を配当する際に、他の株式に優先して配当を受け取れる株式のことを、優先株と言います。定款で「議決権制限株式を有する株主は、他の普通株式に優先して剰余金の配当を受けられる」と定めておけば、遺産相続で長女や次男ともめることを回避できる可能性があります。

5 ｜ 拒否権付種類株式（黄金株）

　拒否権付種類株式とは、株主総会の決議に加えて行われる拒否権付株式を有する株主の種類株主総会の決議に必要となる株式です。拒否権付株式は黄金株とも呼ばれ、拒否権を有している事項については、株主総会で決議しても、拒否権付株式の種類株主総会で反対すれば、否決できます。

　後継者への株式の集中が不十分な上に後継者以外の株式を議決権制限株式にできない場合、後継者の株式を拒否権付種類株式としておけば、経営へ介入する事項の決定を拒否することができます。また、前経営者が保有し、後継者を見守るといった利用法も考えられます。

6 ｜ 取得条項付種類株式

　取得条項付種類株式とは、一定の事由が生じたことを条件として、会社が株主から取得することができる株式のことを言います。前経営者が後継者以外の相続人に贈与や遺贈などによって取得条項付種類株式を渡し、会社が取得条項に基づいて株式を取得することで、後継者の議決権比率が相対的に高まります。

5.3 中小企業の会計処理

新しい中小企業会計のルール（中小会計要領）

中小企業の経営者ですが、会計処理は税理士に任せているのでよくわかりません。会計について、経営者として知っておかなければならないことを教えてください。

A70
Point

- 企業会計は経営の羅針盤であり、経営目標の達成状況を把握する根拠となります。
- 経営者にとって、財務諸表（決算書）を通じ、自社の経営状況を把握することは重要です。
- 中小企業の場合、中小会計要領に基づいた会計処理をおすすめします。

1 ｜ 中小企業の会計処理の実態

　財務諸表は、一般的に「決算書」と呼ばれます。決算書は、株主や金融機関などへの経営成績の開示と法人税法上の所得計算などを目的に作成されますが、その会社の成績表でもあります。決算書を通じて自社の経営状況を的確に把握することは重要ですが、苦手意識を持つ経営者が多いのも事実です。

　株式会社は、決算期ごとに、計算書類（貸借対照表・損益計算書・株主資本等変動計算書・個別注記表）、事業報告、付属明細書を作成して定時株主総会に提出しなければなりませんが、専門家に計算書類を任せっきりにしている企業が4割強に上ります（図表5－3－1）。

2 ｜ 中小会計要領とは

　2012年2月1日に公表された「中小企業の会計に関する基本要領」（以下、「中小会計要領」）は、高度な会計処理に対応できる能力や経理体制を持っていない中小企業のために作成された会計ルールです。中小会計要領では、中小企業の経営者にとって理解しやすく経営状況の把握に役立つ、利害関係者への情報提供に資する、計算書類等の作成負担は最小限にとどめる、などの基本方針を掲げています。

　中小企業向けの会計ルールには「中小企業の会計に関する指針」（以下、「中小指

図表5－3－1　中小企業の会計に関する指針に準拠した計算書類の作成状況

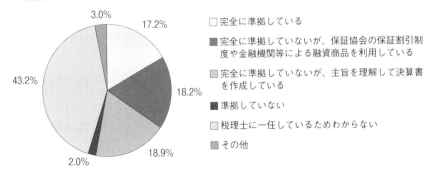

資料：中小企業庁委託「会計処理・財務情報開示に関する中小企業経営者の意識アンケート」（2010年11月、新日本有限監査法人）
出典：中小企業庁「2012年版 中小企業白書」

針」）もありますが、こちらは会計参与が設置されるような、ある程度規模が大きい企業向けのため、普通の中小企業にとっては中小会計要領の方が活用しやすいと思います。ちなみに、会計参与とは、経営者と共同で会社の決算書を作成する公認会計士又は税理士のことですが、あまり浸透していないのが現状です。

もちろん、中小指針や大企業向けの企業会計基準を採用しても構いませんが、まずは多くの中小企業が採用しやすい中小会計要領に沿って会計処理を進めるべきでしょう。

3　中小会計要領活用のメリット

自社の経営力や資金調達力の強化のために、中小会計要領の活用が望まれています。中小会計要領に基づいて正確な決算書を作成することで、自社の経営成績や財務状況を把握し、経営課題にも対応することができます。また、正確な決算書を開示することで、金融機関や取引先の信頼を高め、取引機会の増加につなげることもできます。その他、現時点で中小会計要領を活用するメリットは、以下の通りです。

①金融機関からの借入時に、信用保証協会の保証料率を軽減する信用保証料率割引制度を利用できる。
②日本政策金融公庫から優遇金利で事業資金を借り入れることができる。
③信頼性のある決算処理を行い財務基盤が強くなれば、経営者による個人保証なしでも借入れができる可能性がある（経営者保証に関するガイドライン、Q85参照）。

第 **6** 章

人事・労務に関する法律・制度とトラブルの防止

6.1　人事・労務に関する基礎知識
6.2　労働時間と賃金に関する問題
6.3　職場のトラブル防止

6.1 人事・労務に関する基礎知識

労働にかかわる法律のあらまし

先代から経営を引き継ぐことになりました。経営者として知っておくべき人事労務に関係する法律について、一通り教えてください。

A71
Point

- *労働に関する主な法律には、労働基準法、労働契約法、労働安全衛生法、パートタイム労働法、労働者派遣法などがあります。*
- *賃金、労働時間など、労働基準法に違反する労働条件での労働契約は無効になります。*
- *雇用形態別に従業員の労働条件や職場の安全へ配慮することが必要です。*

労働関係の主な法律について、その制定目的から企業経営上の位置付けを説明します。各内容の詳細については、この後のQ&Aも参照してください。

1 労働基準法

「労働基準法」は、憲法27条2項の「賃金、就業時間、休息その他の勤労条件に関する基準は、法律でこれを定める」という規定を受けて制定されており、労働条件全般の最低基準を設定することで、労働者を保護することを目的とする法律で、次のような特徴があります。

●**個別の労働契約内容を変更させる力があること**
使用者と労働者が結ぶ労働契約に、労働基準法で定める基準に達しない労働条件を定めた部分がある場合、基準に達しない部分は無効となり、労働基準法で定める基準通りに変更されます。

●**刑事罰付きの強行規定であること**
違法行為をした管理者、上司等を罰すると同時に、事業主も違反防止措置をとっていないと罰せられます。

●**事業場単位で適用されること**
企業全体ではなく、事業場ごとに業種と規模を判断して適用されます。

第6章　人事・労務に関する法律・制度とトラブルの防止　　165

図表 6 − 1 − 1　労働基準法の規定の概要

1．労働条件の明示	労働者を採用するときは、賃金や労働時間等の労働条件を明示しなければならない。
2．賃金	賃金は通貨で、直接労働者に、全額を、毎月 1 回以上、一定の期日を定めて支払わなければならず、最低賃金額を下回ることはできない。
3．労働時間	労働時間の上限は原則、 1 日 8 時間、 1 週40時間（常時使用する労働者が10人未満の商業、映画・演劇業、保健衛生業、接客娯楽業は44時間）とする。
4．休憩・休日	1 日の労働時間に応じて、規定以上の休憩時間を、勤務時間途中に一斉かつ自由に与えなければならない。 1 週間に 1 日又は 4 週間に 4 日以上の休日を与えなければならない。
5．割増賃金	時間外労働、休日労働、深夜労働（午後10時から午前 5 時）を行わせた場合には、割増賃金を支払わなければならない。
6．年次有給休暇	雇入れの日（試用期間含む）から 6 ヵ月間継続勤務し、全所定労働日の 8 割以上出勤した労働者には、年次有給休暇が与えられる。
7．解雇・退職	労働者を解雇する場合は、30日以上前に予告するか、解雇予告手当（平均賃金の30日分以上）を支払わなければならない。
8．就業規則	常時10人以上の労働者を使用している場合は、就業規則を作成し、労働者代表の意見書を添えて、所轄労働基準監督署に届け出なければならない。

＊詳細は各項目の Q&A を参照してください。

　労働基準法は、正社員、アルバイトなどの名称を問わず、すべての労働者に強制的に適用されるルールですので、確実な理解と運用が不可欠です。規定の概要を、図表 6 − 1 − 1 に示します。

2 ｜ 労働契約法

　「労働契約法」は、使用者と労働者との間の労働契約の締結・継続・終了についてのルールを定めたもので、民事上の効力を持っています。罰則規定がなく、民法の特別法としての性格を持つため、労働基準法や最低賃金法のように労働基準監督署による監督指導の対象ではありませんが、労使間の紛争の防止と労働関係の安定に役立つ民事ルールとして理解しておく必要があります。

3 ｜ 労働安全衛生法

　「労働安全衛生法」は、職場における労働者の安全と健康を守り、労働災害を防止するとともに、快適な職場環境を形成することを目的としています。事業主に対して、安全衛生管理者の選任・活動、安全衛生教育、健康診断の実施などを求めており、ほとんどの規定違反に罰則が設けられています。

4 ┃ パートタイム労働法

　「パートタイム労働法」は、パートタイム労働者の適正な労働条件の確保、雇用管理の改善、通常の労働者への転換推進などを通じ、パートタイム労働者と通常の労働者との待遇等の均衡を図ることを目的にしています。ここでいうパートタイム労働者とは、1週間の所定労働時間が同一の事業所に雇用される通常の労働者の1週間の所定労働時間に比べて短い労働者のことです。また、通常の労働者とは、正社員、正職員などの正規型労働者のことです。

　パートタイム労働者を雇っている事業主は、雇入れの際の文書による労働条件明示や、就業規則作成・変更時の意見聴取、通常労働者との均等待遇の確保などに配慮する必要があります。

　パートタイム労働法は、その実行性を高めるために、雇用管理改善措置の規定に違反し、かつ勧告に従わない場合の事業主名の公表規定や、報告義務違反や虚偽の報告に対する過料規定も新設されています。

5 ┃ 労働者派遣法

　「労働者派遣法」は、労働者派遣事業を労働力需給システムとして制度化するとともに、雇用安定の観点から労働者の保護に関するルールを定めた法律です。労働者供給事業は、労働組合による無料のもの（厚生労働大臣の許可が必要）と労働者派遣法に基づく労働者派遣に該当するもの以外は、全面的に禁止されています。

　労働者派遣法による派遣労働と混同しやすい労務提供形態に、請負契約や業務委託契約による発注元企業での常駐労働がありますが、これは業務に関する命令指揮の実態次第では、職業安定法と労働者派遣法に違反する可能性があります。常駐請負契約の場合、発注元企業と常駐者の間で、本来ないはずの指揮・命令がなされると、労働基準法や労働安全衛生法上の事業者責任があいまいになるためです。

人材募集・採用の方法と手順

Q72 新しく社長に就任し、はじめて従業員の募集・採用を行う予定です。募集・採用の方法と、知っておかなければならない法律上の留意点を教えてください。

Point

・人材募集には、ハローワーク等の公的機関や民間の人材紹介会社を利用する、有料・無料の求人広告を利用するなど、さまざまな方法があります。
・募集・採用から内定・入社までの流れは、計画的に進めます。
・採用にあたっては、労働条件の明示等の法的義務を果たす必要があります。

1 人材募集の方法

人材募集にはさまざまな方法がありますが、主なものの種類と特徴は、図表6－1－2の通りです。

図表6－1－2　人材募集の方法

募集の方法	具体的な利用機関や手段（例）
職業安定機関等の利用	・職業安定所（ハローワーク） ・産業雇用安定センター ・シルバー人材センター
有料又は無料の広告手段の利用	・新聞、求人情報誌、フリーペーパー ・新聞折込み ・求人サイト
自社で直接できる方法	・自社退職者の活用 ・ホームページによる募集 ・ソーシャルメディア（SNS）の活用
関係者からの紹介	・高校・大学の教員等からの推薦 ・従業員、退職者、知人等からの紹介
民間人材紹介会社、人材派遣会社の利用	・求人依頼企業と転職希望登録・求職者をマッチング ・求人に応じて、現職者からヘッドハンティング ・派遣会社との契約により、必要な人材を確保

2 採用選考から入社までの手順

従業員の採用準備から募集、選考、採用内定までの流れは、図表6－1－3、採

図表6−1−3　採用準備から採用内定までの流れ

図表6−1−4　採用内定から初出社までの流れ

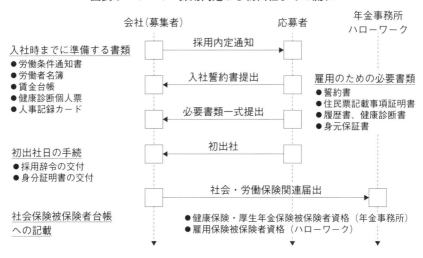

用内定から従業員受入れ（初出社）までの流れは、図表6−1−4の通りです。

3　使用者の労働条件明示義務

　労働基準法によると、使用者は労働契約の締結に際し、労働者に対して労働条件を明示しなければなりません。労働基準法施行規則により定められた労働条件明示義務事項は、図表6−1−5の通りです。

4　労働契約の成立

　「労働契約」とは、①労働者が使用者に対して、使用されて労働することを約束し、②使用者が、労働者の労働の対価として賃金を支払うことを約束する契約のことで

第6章 人事・労務に関する法律・制度とトラブルの防止 169

図表6－1－5 常用・有期雇用契約の場合の
労働条件明示義務項目

1．契約期間	7．臨時の賃金、賞与、その他の 手当、最低賃金
2．就業場所、従事すべき業務	8．食費、作業用品、作業服代金 等の労働者の負担の有無
3．始業・終業時刻、休憩時間等	9．労働安全・衛生
4．賃金	10．教育研修、職業訓練
5．退職に関する事項	11．表彰・懲戒処分の種類・程度
6．契約更新の基準	12．休職

す。労働契約が成立するのは、使用者と労働者の双方が合意したときです。労働契約は、口約束でも成立します。

5 新卒社員、パート社員、派遣労働者の採用方法と留意点

(1) 新卒社員

　団塊の世代の定年退職が進む中、中小企業でも若手採用の手段として新卒者の採用が活発化しています。しかし、新卒採用は通常の採用に比べて、短期間集中型である上、説明会、選考会、さらに内定者のフォローアップ、入社研修など、通常の採用活動にはない要素が含まれます。このような面に対応するノウハウと人材の不足を補うには、新卒採用の支援専門会社を利用する方法があります。

(2) パートタイム労働者

　パートタイム労働者を雇い入れたときは、パートタイム労働法により、すみやかに労働条件を明示する必要があります。労働基準法上の明示義務の事項に加えて、退職手当、賞与の有無を文書の交付等により明示しなければなりません。また、パートタイム労働者に対し、雇用管理の改善措置を説明し、相談窓口を設置した上で、担当者の氏名等も明らかにする必要があります。

(3) 派遣労働者

　派遣元企業は、派遣労働者として採用しようとする労働者に対して、賃金見込みや待遇に関する事項はもちろん、派遣会社の事業運営や労働者派遣制度の概要を説明する義務があります。派遣先企業は、事業所単位・個人単位の期間制限（原則3年）や離職者雇入制限（1年）などに留意するとともに、これらの期間制限の経過日等を派遣会社に通知しなければなりません。派遣労働者の指名はもとより、事前面接や履歴書送付依頼なども、原則としてできません。

就業規則による職場の秩序づくり

Q73 当社は従業員10人未満の小規模事業場なので、就業規則を作成していませんが、問題ないでしょうか。就業規則を作成するメリットとポイントについても、教えてください。

*A*73

Point

・*常時10人以上の従業員を使用する事業場には、就業規則の作成義務があります。*
・*就業規則は、職場秩序の維持や人事・労務管理に役立ちますので、10人未満の会社や事業場にも、作成をおすすめします。*
・*就業規則には、絶対的必要記載事項と相対的必要記載事項があります。*

1 │ 就業規則の作成義務と罰則

　労働基準法では、常時10人以上の従業員を使用する事業場（会社単位ではなく、事業場単位であることに注意）に「就業規則」の作成を義務付けています。作成した就業規則は、所轄の労働基準監督署に届け出なければなりません（罰則付きの規定）。10人未満の従業員しか雇用していない場合でも、職場の秩序維持や万一の労使間トラブル対策のために、就業規則を作成するのが望ましいでしょう。

　就業規則を作成する主な目的は、従業員の労働条件、服務規律その他の就業に関する事項を明確にすることにより、労使間の無用な紛争を防止し、労働者が安心して働ける職場環境を作ることです。同時に、監督官庁など第三者に対する明示的証拠にもなります。

2 │ 絶対的必要記載事項と相対的必要記載事項

　就業規則を作成する上では、必ず記載しなければならない「絶対的必要記載事項」と、その労働条件制度が定められている場合は記載しなければならない「相対的必要記載事項」を押さえる必要があります。それぞれの内容は、**図表6－1－6**の通りです。

　絶対的必要記載事項のうち解雇事由に関する事項や、相対的必要記載事項のうち制裁（懲戒）に関する事項については、労使間のトラブルの原因になりがちですの

第6章　人事・労務に関する法律・制度とトラブルの防止　171

図表6－1－6　就業規則の絶対的必要記載事項と相対的必要記載事項

絶対的必要記載事項	相対的必要記載事項
①始業及び終業の時刻、休憩時間、休日、休暇並びに交替制の場合には就業時転換に関する事項 ②賃金の決定、計算及び支払いの方法、賃金の締切り及び支払いの時期並びに昇給に関する事項 ③退職に関する事項（解雇の事由を含む）	①退職金制度に関する事項 ②臨時の賃金（賞与）、最低賃金額に関する事項 ③食費、作業用品などの負担に関する事項 ④安全衛生に関する事項 ⑤職業訓練に関する事項 ⑥災害補償、業務外の傷病扶助に関する事項 ⑦表彰、制裁に関する事項 ⑧その他全労働者に適用される事項

で、社会保険労務士等の専門家とよく相談して、実態に即した規定にしてください。また、時間外労働と賃金の関係にも、十分留意する必要があります。

　絶対的必要記載事項、相対的必要記載事項の他に、任意記載事項というものもあります。これは法的には要求されない記載事項で、企業理念や社員心得など、公序良俗に反しない範囲で記載することができます。

3 ┃ 就業規則の作成手続

　就業規則を作成する事業場は、作成又は変更について、事業場に従業員の過半数で組織する労働組合がある場合はその労働組合、労働組合がない場合は、従業員の過半数を代表する者の意見を聴かなければなりません。

　パートタイム労働者など、正規社員以外の従業員がいる場合、正規社員向けの就業規則において、これを適用除外とした上で、それぞれ別個の就業規則を定めることができます。

　作成された就業規則は、以下の方法によって、労働者がいつでも見ることができる状態にしておく必要があります（周知義務）。

　・常時各作業場の見やすい場所に掲示し、又は備え付ける。

　・書面を労働者に交付する。

　・磁気テープ、磁気ディスクその他これに準ずるものに記録し、かつ、各作業場に労働者が記録の内容を常時確認できる機器を設置する。

　また、就業規則は、労働者の代表の意見書を添付して、労働基準監督署に届け出るよう義務付けられています。

コラム　懲戒処分とは

経営者にとって、社員が社内の調和を乱したり、不正を働いたりした場合に、会社としての制裁を加えることは、精神的にも負担が大きいものです。社長の気分次第で処分の内容を決定することはできませんし、逆に制裁を加えないことが、事態の悪化を招くこともあります。このとき、「懲戒処分」という考え方が大切になります。

懲戒処分とは、就業規則に基づき、会社が従業員の服務規律や企業秩序の違反に対して下す罰則のことです。就業規則に定めのない理由による懲戒処分は懲戒権の濫用と判断されますので、注意が必要です。

懲戒処分には、次のようなものがあります。

① 戒告：口頭による注意のみで、最も軽い処分。業務記録に記載され、昇給、昇格等の考課査定の際、マイナスポイントになる。
② けん責：始末書を提出させて将来を戒める。
③ 減給：賃金を減額する。減額する額は、1事案に対して平均賃金1日分の半額以内と定められています。
④ 出勤停止：出勤を停止し、その間の賃金は支給しない。
⑤ 降格：職務上の地位、資格を下げる。
⑥ 諭旨退職：違反行為は懲戒解雇に相当するが、会社の情状酌量で退職届の提出を求め、自己都合退職扱いにする。
⑦ 懲戒解雇：従業員を即時解雇し、退職金の全部又は一部を支給しない（最も重い処分）。詳細は、Q80を参照。

多様な人材を活用するための法律と制度

Q74 当社では、高齢者の雇用、女性の登用など、時代の変化に対応した人事制度を構築していきたいと思います。法律上の規制と留意点について説明してください。

A74

Point
・中小企業においても、高年齢者雇用安定法、男女雇用機会均等法、育児・介護休業法などへの理解が必要になっています。
・各法律の制度主旨を理解した上で、法に則った対応をする必要があります。

ご質問のように多様な人材を活用することを、「ダイバーシティ」と言い、少子高齢化時代のキーワードになっています。ダイバーシティを実現させるための方法には、高齢者雇用や男女差別の撤廃、育児・介護休業制度の活用などがあります。

1 高年齢者雇用安定法

「高年齢者雇用安定法」(以下、「雇用安定法」)は、2013年4月より、すべての企業は、60歳定年退職者のうち希望するすべての労働者を対象にした65歳までの雇用確保措置として、定年年齢の引上げ、定年制の廃止、継続雇用制度(再雇用又は勤務延長)のいずれかの措置を実施しなければならないと規定しました。

なお、継続雇用制度における再雇用とは、いったん労働契約を終了させた上で、希望者を期間契約等の別の雇用形態に切り替えることであり、勤務延長とは、同じ労働契約(仕事内容、労働条件)で雇用を継続することです。

雇用安定法に対応し、60～65歳の従業員の雇用を確保するために制度を改正するには、就業規則の変更が必要です。高齢者雇用制度の設計上留意すべき点は、高齢者の長所や経験を活かした適材適所配置を重視することと、それに見合った人件費を負担することです。人件費については、さらに以下の視点が必要です。

①60～65歳の賃金は、労働者一人ひとりについて、各年度の事業貢献度に応じた金額にする。
②退職金の算定基礎から、60～65歳の勤続年数を除く。
③高年齢者雇用に関する給付金、助成金を有効に活用する。

2 | 男女雇用機会均等法

「男女雇用機会均等法」（以下、「均等法」）は、雇用の分野における男女間の機会と待遇の均等化、女性の妊娠中・産後の健康確保などを目的としてできた法律です。

賃金については、労働基準法で女性であることを理由とする差別を禁止しており（男女同一賃金原則）、均等法は賃金以外に存在する男女差別を規制の対象にしています。均等法における禁止事項と要求事項は、以下のようなものであり、これらに違反した場合に対し、企業名公表や損害賠償が規定されています。

①雇用管理全般における、性別を理由とする差別（直接差別）の禁止

②身長・体重や転勤の可否・経験などを募集や採用、昇進の条件にするなど、結果的に性差別につながる差別（間接差別）の禁止

③結婚や妊娠、出産等を理由にした不利益な取扱いの禁止

④セクシュアルハラスメント対策として、事業主に対して、雇用上の措置を義務化

3 | 育児・介護休業法

従業員の申出による育児休業と介護休業の制度を定めているのが、育児・介護休業法です。二つの制度の概要を、図表6－1－7にまとめました。

図表6－1－7　育児休業制度と介護休業制度の概要

育児休業制度
①育児休業は、男女を問わず従業員（勤続1年以上のパート、期間雇用者を含む）による申出があれば、会社は休暇を認めなければならない。
②育児休業期間は原則として、子が満1歳に達するまでだが、養育者等の病気や保育所への入所待機など特別な事情がある場合は、さらに12ヵ月（都合2歳まで）延長できる。また、両親ともに育児休業を取得する場合の特例があり、両親通算の休業期間が満1歳2ヵ月まで延長される。
③育児休業中の賃金を支払う義務はない（雇用保険からの育児休業給付金対象）。
④育児休業中も社会保険・労働保険の資格は継続する。保険料の免除を受けることも可能（健康保険法、厚生年金保険法）。

介護休業制度
①家族を介護する必要がある男女従業員が会社に申し出れば取得できる。
②介護休業の期間は、対象家族1人につき、計93日まで、分割又は連続取得できる。
③要介護状態の家族が1人であれば、従業員1人につき年5日、2人以上で計10日の介護休暇を取得できる。
④介護休業中の賃金保証は要さない（雇用保険法による介護休業給付対象）。

コラム　ワークライフバランスの本質と労働制度の見直し

　近年、社会の少子高齢化が進む中、出産・育児だけでなく介護についても、社会全体で考えなければならなくなっています。団塊の世代が間もなく70歳代に入る日本の人口構造を考えれば、このことがより鮮明になってきます。支えられる世代が爆発的に増え、団塊ジュニア世代にとっては、介護と育児、そして共働きの負担が重くのしかかる時代を迎えるのです。

　こうした中で、残業、出張、転勤を是とした旧来の労働観を持ち続けることは、これからの労働力世代にのしかかる負担から目を背けていることになります。言い換えると、育児や介護よりも仕事を優先する価値観で働くことを要求し続けているような企業には、優秀な人材が集まらなくなるということです。ここに、ワークライフバランスを企業の課題ととらえなければならない理由があります。

　このような状況の変化に対応するには、仕事の必要に応じて、多様な考えを持った優秀な人材を集め、従業員一人ひとりが短時間で成果を生む体制を作るための意識改革と、それに見合ったトレーニングが必要です。こうした状況の変化に気づき、うまく対処できた企業には、優秀な人材が集まります。

　法制度的にも、ワークライフバランスを重視する方向で男女雇用機会均等法や育児・介護休業法などが整備されており、これからも改正されていくことが想定されます。

　これからの経営者には、こうした労働環境の変化にいち早く気づき、半歩でも他社に先んじて行動し、自らの経営課題の一つとして、ワークライフバランスの実現に継続的に取り組んでいくことが求められます。

6.2 労働時間と賃金に関する問題

労働基準法の労働時間に関する規定

労働基準法では、労働時間をどのように定めているのでしょうか。また、従業員に時間外労働を命じるには、どのような手続が必要でしょうか。

A_{75}
Point

- *労働時間の規定は、労働基準法の中でも最も重要な部分です。*
- *労働時間とは、労働者が使用者の指揮命令下で労務を提供している時間です。*
- *法定労働時間（労働基準法）と所定労働時間（就業規則）の違いを理解しておく必要があります。*
- *三六協定を締結せずに時間外労働を命じることは違法行為です。*

1 労働時間の種類

(1) 労働基準法上の労働時間（法定労働時間）

労働基準法32条は原則、1週間の労働時間の上限を40時間、1日の労働時間の上限を8時間と定めています。この時間を、「法定労働時間」と呼びます。

(2) 就業規則上の労働時間（所定労働時間）

就業規則に定められている労働時間を、「所定労働時間」と言います。所定労働時間を超えて労働した時間を、「所定外労働時間」と呼びます。就業規則上の労働時間とは、労働契約で定めた労働提供時間です。所定労働時間は、原則として法定労働時間の上限の範囲内でなければなりません。

2 労働時間の決め方

労働基準法には労働時間についての明確な定義はありませんが、判例では「労働者が使用者に労務を提供し、使用者の指揮命令に服している時間」とされています。この定義によると、労働時間の起算点（始点）は、使用者の指揮監督下に入った時刻です。一般的には、就業規則等に定められている時刻が始点となります。

朝礼や作業前の準備・作業後の後片付け、着替え、全員での準備体操、業務引継

第6章 人事・労務に関する法律・制度とトラブルの防止　177

ぎなどは、実質的に使用者の指揮命令に服していると判断され、労働時間にカウントされる場合が大半です。安全教育などの法定事項や会合、その他の参加が必須の教育・研修なども、労働時間とみなされます。

　例えば、運転手がバスに2人乗り込んで交代で運転するような場合、運転をせず休憩・仮眠をとる時間（手待ち時間）も労働時間に含まれる可能性が高いでしょう。通勤時間や業務時間の前後についた移動時間は、原則として労働時間にはカウントしませんが、労働時間内の作業目的地間の移動時間などは、労働時間になります（その他は、ケースバイケースの判断になります）。

3 ┃ 時間外労働とは

　「時間外労働」とは、労働者が法定労働時間を超えて働いた時間のことです。また、週1日の法定休日に働くことを、「休日労働」と言います。法定労働時間を超えて、又は法定休日に労働させることは、本来違法ですが、あらかじめ労働組合又は労働者の過半数代表者と時間外・休日労働協定（三六協定）を結んだ上で労働基準監督署に届け出ておくことにより、適法に行うことができるようになります。ただし、三六協定を締結したからといって、従業員に対して、無制限に時間外労働を命令できるわけではなく、図表6－2－1のような限度時間がありますので、十分留意してください。

　加えて、就業規則又は労働契約に、「会社は、従業員に対して業務上の必要に応じて、時間外労働又は休日労働を命ずる」という旨の根拠規定を設けておく必要があります。

　なお、就業規則の定め方により、時間外労働を、所定労働時間を超えて労働した時間とする場合もあります。

図表6－2－1　時間外労働の限度時間

期間	一般労働者の場合	1年変形制の場合（対象期間が3ヵ月を超えるもの）
1週間	15時間	14時間
2週間	27時間	25時間
4週間	43時間	40時間
1ヵ月	45時間	42時間
2ヵ月	81時間	75時間
3ヵ月	120時間	110時間
1年間	360時間	320時間

＊変形労働時間制については、Q76を参照してください。

4 ┃ 時間外労働手当

　時間外労働を行った従業員に対しては、正規の賃金に割増率を乗じた賃金（割増賃金）を支給しなければなりません。詳細については、Q78を参照してください。

業務の繁閑に対応する労働時間制度

 当社は季節による業務の繁閑差が大きいので、暇な時季は勤務時間を短めにして、忙しい時季に8時間を超える所定労働時間を設定することは可能でしょうか。

Point

- 労働時間を業務の繁閑に見合った編成にする制度を、変形労働時間制と言います。
- フレックスタイム制では、各労働者が始業・終業時刻を柔軟に決められます。
- みなし労働時間制とは、実際の労働時間に関係なく所定労働時間働いたものとみなす制度で、裁量労働制が代表例です。

1 労働時間制度のいろいろ

労働基準法では、法定労働時間を原則、1日8時間、1週40時間と定めていますが、変形労働時間制やフレックスタイム制、みなし労働時間制など、業務の繁閑や従業員のライフワークなどに合わせて労働時間を弾力化する制度も認めています。

2 変形労働時間制の仕組みと特徴

「変形労働時間制」とは、労働基準法に基づき、業務の繁閑の実情に見合った勤務時間編成にすることができる制度です。事業場ごとに決まった期間の労働時間の総枠の中で、忙しい日・週は所定労働時間を長く、忙しくない日・週は短くするなど、弾力的に決めることが可能です。制度としては、①1ヵ月単位、②1年単位、③1週間単位の3種類がありますが、1ヵ月単位の変形労働時間制がよく用いられています。

1ヵ月単位の変形制の導入にあたっては、就業規則の作成が義務付けられている従業員10人以上の事業場では、あらかじめ就業規則に次に示す事項を定め、過半数労働者の代表者等の意見書を添付して、所轄労働基準監督署（以下、「労基署」）に届け出なければなりません。

①その変形労働時間制による最初の労働日（起算日）
②変形期間（1ヵ月以内）の所定労働時間

③変形期間における各労働日と各労働週の所定労働時間

④変形期間における各労働日の始業・終業時刻（出勤・退社の時刻）

なお、従業員が9人までの事業場の場合には、労使協定、就業規則又は他の書面のいずれかの手段により①〜④の事項を定めた上で、これを労働者に周知させなければなりません（労基署への届出は不要）。

1年単位の変形制の場合は、労使協定により所定の事項を定め、労基署に届け出る必要があります。

3 ▌ フレックスタイム制とみなし労働時間制

(1) フレックスタイム制

「フレックスタイム制」とは、労使協定により、労働者が各自の始業時刻と終業時刻を柔軟に決められる制度です。通常、会議等のために勤務必須の時間帯（コアタイム）を挟んで、フレキシブルタイム（労働者が自分の選択により労働する時間帯）が定められます。これにより、プライベートの都合と業務の調和を図ることが可能になります。

フレックスタイム制においては、労働時間は協定で定める1ヵ月以内の期間で清算され、1週・1日の規制は解除されますが、労使協定を締結し、所定の事項を定めておく必要があります。また、清算期間を対象にして、労働時間の不足や超過に対する処置を定めることも必要です。

(2) みなし労働時間制

「みなし労働時間制」とは、実際の労働時間と関係なく所定労働時間働いたものとみなす制度で、以下の3種類があります。

●**事業場外みなし労働制**：営業など、外出の仕事が主体で労働時間の把握が困難な業務に適用可能です。

●**専門業務型裁量労働制**：デザイナーやシステムエンジニアなど、専門性の強い職種について、業務遂行と時間配分を労働者の裁量に委ねる制度で、19の対象職種が定められています。

●**企画業務型裁量労働制**：事業運営の企画・立案・調査及び分析など、経営の中枢にかかわる職種について、業務遂行と時間配分を労働者の裁量に委ねる制度で、六つの対象職種が定められています。

労働基準法の賃金に関する規定

 賃金に関する法律上の規定は、どのようになっていますか。賃金制度を設計する上でのポイントとあわせて説明してください。

Point

- 労働基準法では、賃金を使用者が労働者に労働の対価として支払うものすべてと定義し、支払方法として五つの原則を規定しています。
- 賃金は、基準内賃金と基準外賃金で構成されます。
- 賃金制度には、年功給、職務給、職能給、役割・責任給などがあります。

1 労働基準法上の賃金と支払原則

労働基準法では、「賃金」を「賃金、給料、手当、賞与、その他名称の如何を問わず労働の対償（対価）として使用者が労働者に支払うすべてのもの」と定義しています。いわゆる、給料、残業手当、深夜手当、休日手当などが賃金の代表的な要素です。通勤費や出張旅費、慶弔金などは、通常の場合は賃金には当たりません。

また、労働基準法は、賃金の支払方法についても、「賃金支払いの5原則」を定めています（図表6－2－2）。

図表6－2－2　賃金支払いの5原則

賃金支払原則	内　容
1．通貨払いの原則	通貨で支払わなければならない
2．直接払いの原則	労働者に対して、直接支払わなければならない
3．全額払いの原則	所定の金額を全額支払わなければならない
4．毎月払いの原則	毎月支払わなければならない
5．一定期日払いの原則	一定の期日を決めて支払わなければならない

2 賃金体系とポイント

(1) 基準内賃金と基準外賃金

労働の対価としての賃金は、その発生理由により、基準内賃金と基準外賃金に大

別されます。

「基準内賃金」とは、所定労働時間内の労働に対して支払われる賃金のことで、多くの場合、基本給と諸手当に分けられ、労働の標準時間単価（＝基準内賃金÷所定労働時間数）を計算する際のベースになるものです。これに対して「基準外賃金」とは、所定労働時間外の労働に対して支払われるものを言い、時間外労働手当（残業手当）や休日労働手当、深夜労働手当などが該当します。

(2) 割増賃金

従業員に時間外労働や休日労働、深夜労働を行わせた場合は、労働基準法で規定される「割増賃金」を支払う必要があります（Q78参照）。

(3) 最低賃金

「最低賃金」は、最低賃金法によって定められた制度で、労働者としての身分（正社員、契約社員、パート、アルバイトなど）や業種、職種にかかわらず、全労働者の賃金に一律適用されます。最低賃金は定期的に改定され、時間給で示されます。前述した標準時間単価に対応するものです。

3 ┃ 賃金制度の要素と留意点

賃金制度を構築する際には、賃金を支払う対象と基準を明確にする必要があります。支払対象としては、年齢、学歴、能力、職務、成果、役割・責任などがあります。支払基準としては、担当職務に対する遂行能力や一般労働市場における価値、会社業績への貢献度などがあります。

これらの要素を複合的に組み合わせて、賃金体系を設計します。参考のために、主な賃金制度を、図表6－2－3にまとめました。

図表6－2－3　主な賃金制度

職　種	内　容
年功給	従業員の年齢（ライフステージ）に賃金をリンクさせる方式。日本では、かつて給与に占める割合が大きかったが、現在は縮小傾向にある。
職務給	職務の市場価値から賃金又は諸手当を決める方式で、欧米では主流になっている。職務記述が必要となる。
職能給	職務や役職の遂行能力に応じて賃金を決める方式。年功給と職能給の組み合わせが、日本では一般的な方式になっている。
役割給・責任給	担当する職務の役割と責任に応じて賃金を決める方式。実績とあわせて評価し決定する。

6.3 職場のトラブル防止

労働時間・賃金に関するトラブルの防止

Q78 当社は残業が多いため、従業員から不満が出ています。労働時間に関するトラブルのうち、特に注意すべき問題と対応策を教えてください。

A78

Point

・長時間労働と賃金不払いは、労働時間に関する最大のトラブル要因です。
・時間外手当の支払い等、時間外労働への対応は、出勤簿等に記録された労働時間の記録をベースにして行います。
・従業員の特別な事情（育児・介護）による労働時間制限への対応も必要です。

1 長時間労働と賃金不払い

時間外労働に関するトラブルは、二つの大きな問題を含んでいます。一つは、時間外労働に関する労使協定（三六協定）違反です。もう一つは、そうした時間外労働の不適切な管理による健康被害や賃金不払い（サービス残業とも呼ばれ、労働基準法違反）の問題です。

政府は、近年の長時間労働による心身の健康に関する深刻な影響や名ばかり管理職による残業手当の不支給、定額残業代制度などの問題に、より厳しく、実効性のある対策や法改正を進めています。

時間外労働に対する賃金不払いについて、労働基準監督署（以下、「労基署」）からの監督指導が行われると、2年間分の未払賃金を遡って支払うことになります。悪質な三六協定違反は、立入検査など強制捜査の対象にもなります。

2 時間外労働に関する法規制

労働基準法による法定労働時間は、1週間で40時間以内、1日8時間以内、法定休日は毎週1回又は4週間を通じて4日以上が基本です。

法定労働時間を超えた労働や、法定休日に労働をさせる場合は、労働基準法36条に規定される、時間外・休日労働に関する協定（三六協定）を労働組合や従業員代

表と合意・締結の上、労基署に届け出る必要があります。この届出は、就業規則の作成等とは異なり、常時労働者10人未満の会社であっても除外されることはありませんので、すべての企業が対応を求められます。

また、労働基準法は、時間外労働の限度と割増賃金の設定についても規定していますので留意が必要です（割増賃金については、図表6－3－1参照）。

図表6－3－1　時間外労働の種類別割増率

時間外労働の種類	割増率
時間外労働（法定労働時間の超過）	25％以上
休日労働（法定休日の労働）	35％以上
深夜労働（午後10時～午前5時の労働）	25％以上
時間外労働＋深夜労働	50％以上
休日労働＋時間外労働	35％以上
休日労働＋深夜労働	60％以上

割増賃金単価＝((基本給＋諸手当)÷1ヵ月の平均所定労働時間)×割増率
＊原則として、諸手当に通勤手当、家族手当、住宅手当などは含めない。

3 │ 時間外労働への適切な対応

時間外労働対応の基本は、労働時間の記録です。原則として、使用者の現認又はタイムカード相当の出勤簿により、各労働者の始業と終業の時刻を正しく管理します。出勤簿と賃金算定基準の労働時間が異なる場合は、理由証明が必要になります。労働時間の定義（始業と終業のタイミング）や事業場外業務の場合なども含めて、従業員への明文化と周知の必要があります。

諸手当の一部（営業手当など）をみなし残業手当などとして、通常の労働単価（時間当たりの賃金）の計算から除外するなどのケースもあると思います。賃金規定で明記されており、通常の時間外賃金の算定基準を上回っている限り、これは違法ではありません。ただし、実残業が定額分を超える場合は、差額分を支払う義務があります。

管理職以上には残業手当を支払わないとする場合もありますが、労働基準法における管理監督者の定義の解釈については、十分注意すべきです。専門家とよく相談しておく必要があります。

4 │ その他の労働時間・休暇に関する制度

育児・介護休業法による、短時間勤務制度や時間外労働の制限（育児／介護）、深夜業の制限（育児／介護）、看護休暇（育児）、介護休暇（介護）など、法的に事業主に義務付けられている制度があります。もし、制度が整備されていないようであれば、トラブルにならないよう、順次対応を検討すべきです。

労働環境・安全衛生に関する留意点

Q79 当社は常時多くの商品を扱うため、従業員が作業上の危険を感じることも多く、残業も少なくありません。安全な職場環境の整備について、法律上の留意点を説明してください。

A79

Point

・労働安全衛生法は、労働災害防止と健康増進に関する事項を規定しています。
・労働安全衛生法は、事業者と労働者双方に義務を課しています。
・近年、メンタルヘルスや受動喫煙対策への配慮も規定されました。

　労働上の安全と健康の促進に関する基本事項を定めた法律に、「労働安全衛生法」があります。労働安全衛生法はあらゆる業種を網羅的に規定しているため、内容が非常に複雑で多岐にわたっていますが、ここではそのアウトラインと従業員の健康に関連する部分について説明します。

1 労働安全衛生法の概要

　労働安全衛生法は、職場の安全衛生のために、**図表6－3－2**に掲げる項目を定めています。

2 健康診断の実施義務

　労働安全衛生法は、事業者と労働者に健康診断の実施と受診を義務付けています。実施義務のある健康診断には、**図表6－3－3**のような種類があります。

3 メンタルヘルス対策及び受動喫煙防止

　2014年の労働安全衛生法の改正では、常時使用する労働者に対して、心理的な負担の程度を把握するためのストレスチェック制度と、その結果に応じて労働者が希望する場合は、医師による面接指導を受けてもらうよう義務付けました。この制度は、労働者50人未満の事業場については、当分の間、努力義務ですが、中小企業においても経営者は過重労働による疲労蓄積が従業員の健康、ひいては事業運営にもたらす影響について、十分留意する必要があります。

第6章　人事・労務に関する法律・制度とトラブルの防止　　185

図表6－3－2　労働安全衛生法の規定（概要）

規定項目	概要説明
安全衛生管理体制	・一定以上の規模の事業場に対し、総括安全衛生管理者、安全管理者、衛生管理者、産業医、安全衛生推進者又は衛生推進者の選任を義務付け ・小規模事業場では、安全衛生推進者の設置と医師等による健康管理の努力義務を規定
危険・健康障害防止措置	事業者に対し、労働災害防止措置を義務付け（具体的な措置内容は、大部分が厚生労働省令による）
機械、危険物・有害物規制	・危険な作業を必要とする機械（特定機械）についての許可制や製造・輸入時の検査義務、危険な機械等の譲渡・貸与制限など ・有害物の製造・輸入などの禁止、容器への有害性の表示義務など
労働者の就業の際の措置	労働者の雇入れの際に、従事する業務に関して、必要な安全衛生教育（業務の危険性・有害性や安全装置・保護具の取扱方法などについて）を行うこと
健康増進	・医師による健康診断の実施義務化及び結果に基づく必要措置（就業場所変更、作業転換、労働時間・深夜業の制限など） ・長時間労働者（週40時間超、月100時間超）からの申出による医師面接の実施
事業者と労働者の義務	・責任を負う主体は事業者であること（違反者は懲役や罰金等の対象となり、監督行政庁による使用停止命令もあり得る）を明記 ・労働者に対し、必要事項の遵守、協力を義務付け

図表6－3－3　健康診断の種類と対象者、実施時期

	健康診断の種類	対象となる労働者	実施時期
一般健康診断	雇入時健康診断	常時使用する労働者	雇入れの際
	定期健康診断	常時使用する労働者	1年以内に1回
	特定業務従事者健康診断	健康リスクの高い業務のうち、労働安全衛生規則13条1項2号に掲げる業務に常時従事する労働者	特定業務に配置替えの際及び6ヵ月以内ごとに1回
	海外派遣労働者の健康診断	海外に6ヵ月以上派遣する労働者	派遣の際と帰国・国内業務に着任時
	給食従業員の検便	事業に付属する食堂・炊事場における給食業務従事者	雇入れの際、配置替えの際
業務環境に応じた特殊健康診断、じん肺健診、歯科医師による健康診断		有機溶剤や鉛、放射線などの有害な業務に常時従事する労働者	原則雇入時、配置替えの際及び6ヵ月以内ごとに1回（じん肺健診は管理区分に応じて1～3年以内ごとに1回）

　また、同改正により、すべての企業に対して、受動喫煙防止対策が求められるようになりました（努力義務）。すでに、分煙制度を導入している企業も多いと思いますが、現状分析と分析結果に基づく対策の実施が求められます。対策には、継続的な見直しも必要です。

退職・解雇に関するトラブルの防止

 退職と解雇は、法律上どのような違いがあるのでしょうか。また、万一、当社で解雇を行う必要が生じた場合のために、解雇の要件や方法について教えてください。

A80
Point

・退職に比べて、解雇は訴訟を含むトラブルになることがあります。
・解雇にあたっては、客観的にみて合理的な理由が求められます。
・解雇の前に、諭旨退職や希望退職、退職勧奨などの検討段階を設けましょう。

1 退職と解雇の違い

「退職」と「解雇」は、どちらも労働契約に基づく使用者と従業員との雇用関係が終了し、従業員がその身分を失うことです。しかし、労働者が労働契約を解約する退職と異なり、解雇は、使用者側から行う労働契約の一方的な解約であることから、その不当性を巡って訴訟に発展することも少なくありません。

2 退職に関するトラブルと対策

従業員の退職にあたって起こりやすいのが、突然の退職による人員不足や業務引継ぎ上のトラブルです。円満な退職のためには、何日前に申し出る必要があるのかなどを含め、退職手続を明確にすることはもちろんですが、日ごろから面談等を通して従業員の職務遂行状況や意欲等を把握しておくことが大切です。強引な引留めは、逆に事態を悪化させる可能性もあります。

3 解雇に関するトラブルと対策

解雇は、労使トラブルに占める割合が高く、労働者保護の立場からも、以下のような点に留意し、慎重に進める必要があります。

(1) 解雇の有効要件に関する検討事項

解雇に関して、労働契約法では「客観的に合理的な理由を欠いた解雇は、権利の濫用として無効」としています。解雇の合理性については、最終的には裁判所の判

第6章　人事・労務に関する法律・制度とトラブルの防止　　187

図表6－3－4　解雇に関する一般事項

解雇の種類	説　明	有効要件等（主に労働基準法の規定）
普通解雇	整理解雇、懲戒解雇以外の解雇	・法律上の制限事由*1、解雇禁止*2の規定に違反しないこと ・解雇予告（30日以上前）、又は解雇予告手当（30日分）を支払うこと ・労働協約、就業規則、労働契約の解雇規定を適用すること ・解雇理由に合理性、相当性があること
整理解雇	会社の経営悪化により、人員整理を行うための解雇	・人員整理の客観的な必要性があること ・使用者が整理解雇を回避する努力を尽くすこと ・解雇対象者の選定が公正妥当であること ・労使間で十分に協議を尽くすこと
懲戒解雇	極めて悪質な規律違反や非行に対する懲戒処分として行う解雇	・就業規則や労働契約にその要件を具体的に明示しておくことが重要（それでも、簡単ではない） ・状況によって、諭旨退職への切替えも検討
注意事項	天災・地変による整理解雇や懲戒解雇などでは、解雇予告や解雇予告手当は不要だが、労働基準監督署長の解雇予告除外認定を受ける必要がある。また、次のような場合は解雇予告そのものが適用されない。 　・試用期間中の者（→14日間以内） 　・4ヵ月以内の季節労働者、契約期間が2ヵ月以内の者（→その契約期間内） 　・日雇労働者（→1ヵ月以内）	

*1　解雇制限事由：①労災休業期間とその後30日間、②産前産後休業期間とその後30日間
　2　育児・介護休業法、公益通報者保護法などの解雇禁止事項

断に委ねられるようなものですので、解雇にあたっては法律の専門家に相談する必要があります。解雇に関する一般事項を、**図表6－3－4**にまとめました。

(2)　解雇をする前に検討すべきこと

　解雇に際しては、有効要件を満たしていることを証拠で示せるかどうかも重要です。有効要件は、解雇の種類により異なります。懲戒解雇が難しい場合は諭旨退職（自己都合退職）を、整理解雇が難しい場合は退職勧奨や希望退職（会社都合退職）を検討することが望ましいでしょう。

(3)　解雇に関するその他の留意事項

　解雇に関しては、雇止め法理の問題にも留意が必要です。通常、一定の期限の定めがある労働契約において、双方に更新の意図がなく契約期間を過ぎると雇用契約は終了し退職となりますが、契約を更新しないまま雇用を継続した場合が問題になります。この場合は、期間の定めのない契約と解釈され、解雇には通常の解雇ルールが適用されます。2012年に公布された改正労働契約法で、この考え方（法理）が明文化されました（雇止め法理の法定化）。

ハラスメントに対する法的・社会的要請について

Q81 最近、友人の経営する会社で、セクハラのトラブルがありました。セクハラを含めたハラスメントについて、当社でも注意すべきことを教えてください。

A81

Point

- *職場におけるハラスメント（セクハラ、パワハラ、マタハラ）の内容を理解するとともに、発生しないように配慮する必要があります。*
- *男女雇用機会均等法、育児・介護休業法には、事業主が講ずべき措置義務が規定されています。*

　人が集まる社会では、嫌がらせの数だけハラスメントがあると言われています。ここでは、職場における特徴的なハラスメントとして、セクシュアルハラスメント（セクハラ）、パワーハラスメント（パワハラ）、マタニティハラスメント（マタハラ）について、事業主が対応すべきことについて考えます。

1 ┃ セクシュアルハラスメント（セクハラ）

　「セクシュアルハラスメント（セクハラ）」を端的な言葉で表せば、異性間、同性間を問わず行われる性的な嫌がらせです。職務上の地位を利用して性的な要求をし、拒まれたときに労働条件上の不利益を与えたり（対価型）、性的な嫌がらせを受けた人が不快を感じることで、就業環境が悪化したりする（環境型）ことなどが典型的なものです。事業主は、このようなことがないよう配慮し、措置を講じる義務があります。

2 ┃ パワーハラスメント（パワハラ）

　「パワーハラスメント（パワハラ）」とは、職場において、職務上の地位や人間関係などにおける優位性を背景に、適正な範囲を超えて、精神的・身体的苦痛を与えたり、職場環境を悪化させたりする、いじめや嫌がらせのことを言います。法律や判例で明確に定義付けられたものではありません。

　職場のパワハラ対応策は、就業規則での方針や対応の明示化や相談窓口の設定な

ど、セクハラに対する配慮・措置に準じることが考えられます。

3 ┃ マタニティハラスメント（マタハラ）

「マタニティハラスメント（マタハラ）」とは、働く女性が妊娠・出産を理由として解雇・雇止めをされることや、妊娠・出産にあたって職場で受ける精神的・肉体的なハラスメントのことです。古い男女の役割感の押付けや、妊娠に伴う同僚間の業務配分の変更や勤務時間の見直しを原因とするいじめや嫌がらせなどが具体的なものです。育児・介護休業法による制度の利用を阻害したり解雇をほのめかしたりすることなどもこれに該当しますが、この場合は、男女の別は問わず、単に「ハラスメント」と言った方が適切です。

4 ┃ ハラスメントに対して事業主が講ずべき措置

以上のような職場のハラスメントを防止するために、事業主が雇用管理上講ずべき措置について、次のような厚生労働大臣の指針が示されています。
- ・性的言動に起因する問題に関する雇用管理上の措置指針
- ・妊娠、出産に関する言動に起因する問題に関する雇用管理上の措置指針
- ・子の養育や家族の介護が必要な労働者の職業生活と家庭生活の両立のための措置に関する指針

これらの指針に共通して定められている、事業主が講ずべき措置のポイントは、次の通りです。
- ・事業主の方針の明確化とその周知・啓発
- ・苦情を含む相談への対応と、そのための体制（相談窓口）の整備
- ・職場におけるハラスメントへの事後の迅速かつ適切な対応
- ・職場における妊娠・出産等に関するハラスメントの原因を解消するための措置
- ・相談者や行為者のプライバシー保護、相談などを理由にした不利益取扱いをしないことの定めと周知・啓発

第 7 章

事業承継・再生・終了に関する法律と手続

7.1 円滑な事業承継のための基礎知識
7.2 事業再生に関する制度と手続
7.3 事業終了に関する制度と手続

7.1 円滑な事業承継のための基礎知識

事業承継と相続（遺産分割）の問題

 オーナー経営者の後継者候補ですが、具体的な事業承継対策には取り組んでいません。現経営者の父が急に亡くなった場合、どのような問題が生じますか。

Point

- 民法で定められた各相続人が取得すべき相続財産の割合を、法定相続分と言います。
- 相続争いになると、後継者が排除される恐れもあります。
- 事業承継の対策を立てずに経営者が死亡すると、後継者が事業を承継することが困難になります。

1 事例の想定

ご質問のケースの具体的な詳細はわかりませんが、一例として、図表7－1－1のような状況設定（相続財産は、承継会社の株式と土地・社屋）で社長が急逝した場合、事業承継でどういう問題が生じるか考えてみます。

図表7－1－1　関係図

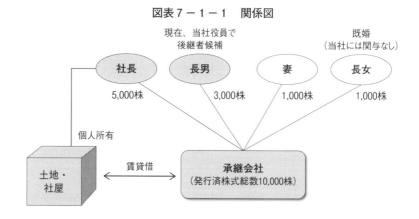

2 | 法定相続分

　配偶者は、相続において常に相続人になります。また、被相続人の直系卑属（子、孫、曾孫）のうち、子が第1順位となります。各相続人が取得すべき相続財産の割合（持ち分）は、民法で定められており、「法定相続分」と呼びます。事例のように、相続人が配偶者と子の場合、法定相続分は配偶者が2分の1、子が2分の1（子が2人の場合は、4分の1ずつ）になります。

　この事例で法定相続を前提に考えれば、土地と社屋は、妻が2分の1、長男・長女が各4分の1の割合で共有されることになります。つまり、妻と長女で、共同所有権の4分の3を取得することになり、長男と現社長の妻、長女の関係が良好でない場合、妻と長女が結託して4分の3の持ち分を売却することも考えられます。

　このような事態を避け、後継者が事業承継を円滑に進めていくためには、次に説明する株式の問題とあわせて、相続人間で遺産分割協議を行うなどして問題を解決しなければなりません。

3 | 株式の準共有

　社長の5,000株が相続された場合、法定相続分に応じて分割されるのではなく、相続人全員で共有することになります。このようにして相続された株式は共同相続人の準共有状態となるため、相続人間で遺産分割協議を行うことが必須になります。

　相続争いによって遺産分割協議が整わない場合は、株式の権利を行使する者を1人定めて、その権利行使者が株主としての権利行使をすることになります。この権利行使者の指定は、持分価格に従って、その過半数で決められると解されています（最高裁1997年1月28日判決参照）。

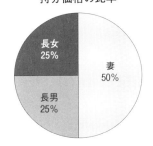

図表7－1－2　共有株の持分価格の比率

　仮に、妻と長女が結託すれば持分価格が4分の3となり、株主総会を開けば相続された株式5,000株とそれぞれの所有株式1,000株＋1,000株の合計7,000株分の議決権を行使できることになります。そうなれば、長男を取締役から解任し、妻と長女が会社を支配することもできるわけです。

　このように、事業承継対策をしていないと、後継者以外の相続人に事業用資産が流出し、会社の支配権も握られてしまう恐れがあります。

遺言による円滑な事業承継

Q83 中小企業のオーナー経営者です。後継者の長男に株式と事業用資産を相続させようと思います。妻は健在で、長女は嫁いでいます。円滑に事業承継する方法をご教示ください。

A83
Point

・*遺言によって、後継者に株式や事業用資産を集中させましょう。*
・*他の相続人の権利を侵害しないように注意しなければなりません。*
・*事前に、遺留分について対策をとっておく必要があります。*

1 遺言による承継

ご質問のような場合、「遺言」で後継者である長男に経営者の株式と事業用資産を相続し、相続のトラブルを回避する方法があります。

事業承継を円滑に行うためには、普通方式による遺言を用います。普通方式による遺言には、「自筆証書遺言」、「秘密証書遺言」、「公正証書遺言」があります。このうち、公正証書遺言は、公証人の作成する公正証書により作成する遺言のことを言います。

公正証書遺言の作成には一定の手数料がかかりますが、①無効になる可能性がほとんどない、②公証人によって保管されるので紛失や偽造の恐れがない、③家庭裁判所の検認手続が不要である、などのメリットがあります。

2 遺留分の問題

相続人には、相続財産のうちで一定の割合を取得する権利が保障されており、これを「遺留分」と呼びます。遺留分は遺言によって侵害されず、その割合は原則として相続財産の2分の1になります。ただし、被相続人に配偶者も子供もおらず、直系尊属（両親、祖母、曾祖母）のみが相続人になるときは3分の1になります。

遺留分を有する人が遺言や贈与により財産を得た人に対して、遺留分に相当する財産を請求する権利のことを、「遺留分減殺請求権」と言います。遺留分を有する人は、相続の開始及び自分の遺留分を侵害する贈与又は遺贈があったことを知った

ときから1年間、遺留分減殺請求権を行使しないと、時効によって権利は消滅します。相続開始から10年経過したときも同様です。

ちなみに、遺贈とは、遺言によって相続財産を相続人や相続人以外の者に受け継がせることです。ご質問の場合、奥さんの遺留分は2分の1×2分の1で相続財産の4分の1、娘さんの遺留分は2分の1×4分の1で8分の1となります。仮に、ご本人に株式、事業用資産あわせて1億円の遺産があり、長男にそのすべてを相続させる遺言を残したとしても、図表7－1－3のように奥さんと娘さんに遺留分が発生します。奥さんや娘さんの遺留分を侵害しないように注意しないと、相続人間の争いとなって、事業の継続が難しくなる可能性があります。

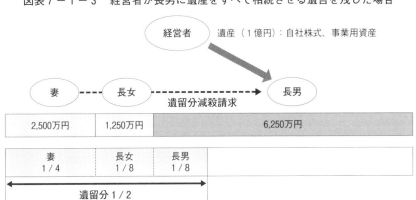

図表7－1－3　経営者が長男に遺産をすべて相続させる遺言を残した場合

3 ｜ 遺留分への対応

遺留分の問題は、贈与した場合にも発生します。生前に後継者に事業を承継させることができたと思っても、遺留分を侵害していた場合には、同じようにトラブルになります。遺留分の侵害が避けられない場合は、被相続人の生前に遺留分権利者に遺留分を放棄してもらうことが考えられますが、家庭裁判所の許可が必要です。

遺留分への対応として、経営承継円滑化法を利用し、株式等を遺留分に算入しない旨の合意や株式等の遺留分算定額を固定する合意を行っておく方法もあります。詳しくは、Q84を参照してください。

事業承継を円滑に進めるための法律と制度

中小企業経営者の後継者候補です。事業承継を円滑に進めるために法制度が整備されたということですが、具体的な内容を教えてください。

Point

- *経営承継円滑化法には、事業承継税制、金融支援、民法の特例があります。*
- *最近の制度改正で、事業承継税制、遺留分特例制度が拡充されています。*
- *事業承継円滑化のために、小規模企業共済制度が改正されました。*

1 経営承継円滑化法の概要

「経営承継円滑化法」が2008年に成立、施行されました。それにより、非上場株式の相続税・贈与税の納税猶予（事業承継税制）、事業承継をする際の金融支援、遺留分に関する民法の特例が受けられるようになりました（図表7－1－4）。

なお、それまで経済産業大臣が行っていた中小企業者の事業承継税制及び金融支援に係る認定は、2017年4月1日から都道府県知事が行うことになりました。

図表7－1－4　経営承継円滑化法の概要

事業承継税制	後継者が納付すべき相続税のうち、経済産業大臣の認定を受けた非上場会社の株式について、発行済株式総数の3分の2に達する部分まで、課税価格の80％に対応する額が猶予され、贈与の場合は全額が猶予される。 ＊2018年度から、10年間の特例として、後継者が取得した全株式について相続税、贈与税の全額が猶予されることとなった。
金融支援	経営者の死亡等に伴う株式、事業用資産等の買取資金の調達を支援するため、経済産業省の認定を受けた中小企業者に対して中小企業信用保険法の特例として信用保険の拡大（別枠化）、株式会社日本政策金融公庫法及び沖縄振興開発金融公庫法の特例が設けられ、その代表者個人に対して融資が実施される。
遺留分に関する民法の特例	一定の要件を満たす後継者が、遺留分権利者全員との合意及び経済産業大臣の確認、家庭裁判所の許可を経ることを前提に、以下の民法の特例を受けることができる。 ①生前贈与株式等を遺留分の対象から除外 ②生前贈与株式等の評価額をあらかじめ固定 　→後継者の貢献による株式価値上昇分が遺留分減殺請求の対象外となる。

2 ┃ 事業承継税制の拡充

　2013年度の税制改正で、事業承継税制が拡充されました。それまで、後継者は前経営者の親族に限定されていましたが、親族外承継も対象になりました。また、前経営者は贈与時に役員を退任する必要がありましたが、代表者を退任することに要件が緩和され、前経営者が有給役員として残留し経営に関与することが可能になりました。さらに、改正前は雇用の8割以上を「5年間毎年」維持する必要がありましたが、「5年間平均」で評価することになりました。

　さらに、2017年度の税制改正では、人手不足の影響を受けやすい従業員5人未満の企業の従業員が1人減った場合でも、雇用要件（5年間平均で8割以上）を満たすことになりました。また、贈与税納税猶予中、要件が満たせなくなって適用が取り消された場合、税負担が高額になっていましたが、相続時精算課税制度を併用することによって、取消時の税負担が相続税と同額になりました。

　なお、2018年度の税制改正大綱では、10年間の特例として、対象株式数の制限（3分の2）の撤廃と相続税の納税猶予割合の引上げ（80％→100％）、前経営者以外の複数の贈与者から贈与された株式についての納税猶予、さらなる雇用確保要件の緩和などが示されています（税制は年度ごとに改正されますので、最新の情報を財務省や中小企業庁のホームページで確認するようにしてください）。

3 ┃ 遺留分特例制度の拡充

　後継者が前経営者から贈与された株式について、事前に遺留分権利者全員と合意し経済産業大臣の確認を受けることで、家庭裁判所の申請手続を後継者が単独で行うことができるのが、遺留分特例制度です。2016年4月1日に経営承継円滑化法の一部が改正され、遺留分特例制度の対象が親族外の後継者へ拡充されました。

4 ┃ 小規模企業共済法の改正

　「小規模企業共済制度」とは、小規模事業主の個人事業者や会社等の役員が、廃業・退職後の生活の安定等を図るための資金として積み立てを行う共済制度です。2016年4月1日に制度改正され、安心して事業承継できる環境が整いました。

　個人事業主が廃業した場合に最も多額の共済金が支給されますが、親族内承継でも廃業と同額が支給されることとなりました。また、65歳以上の会社役員が退任した場合の共済金の支給額が引き上げられました。

コラム　中小企業の「万一」に備える

中小企業では、経営者の死亡や引退、取引先の倒産などに対する資金的な備えについて考えておくことも大切です。

中小企業のオーナー経営者には、ご自身の信用をもとに現在の会社の経営基盤を作り上げてきた方も多いと思います。このような会社では、事業取引の多くを、経営者自身の信用力に頼っており、経営者にもしものことがあると、債務の弁済資金や取引上の現金決済など、当面の運転資金の確保に難渋することがあります。また、残された家族の生活の問題もあります。

このほか、取引先の倒産で多額の売掛金が回収できなくなり、連鎖倒産に追い込まれるリスクなどに対する備えも必要ですし、平穏無事に勇退のときを迎えたオーナー経営者に対しては、老後の生活資金を考えておく必要もあります。

以上のような、中小企業の資金的リスクを想定して、私的な保険や公的な共済制度が用意されています。ある程度事業が軌道に乗ってきたところで、これらのリスクに対する備えを検討しておくことも大切です。

私的な保険は、一般的に法人保険と呼ばれるもので、会社や経営者のニーズに合わせて、保険会社からいろいろな商品が販売されています。公的なものでは、中小企業倒産防止共済と小規模企業共済が代表的なものです。保険料の損金算入などにより節税効果を期待できるものがあり、銀行から融資を受ける際に有利になることもありますので、自社の経営状況に合わせて検討するといいでしょう。

これらの保険の契約にあたっては、退職金規定の整備など制度的・法的な対策を講じる必要があります。また、会社の経営状況により保険料を支払えなくなることなども想定しておかなければなりませんので、まずは信頼できる税理士や会計士に相談してみることをおすすめします。

第7章 事業承継・再生・終了に関する法律と手続 199

親族外承継の留意点

Q 85 オーナー企業の幹部社員です。現経営者には子供がいないため、事業承継を打診されました。株式の買取資金や個人保証の問題で悩んでいるので、アドバイスをお願いします。

A85

Point

・後継者は、現経営者から株式や事業用資産を取得しなければなりません。
・後継者はほとんどの場合、連帯保証人の地位も引き継ぐ必要があります。
・経営者保証に関するガイドラインにより、金融機関には、経営者保証に依存しない中小企業への融資が求められています。

1 親族外承継の問題点

　オーナー企業の後継者候補は、経営の安定のために現経営者から株式を取得する必要がありますが、平の役員や従業員がこの資金を用意するのは容易ではありません。また、中小企業が金融機関から融資を受ける際、経営者本人を連帯保証人にしていることがほとんどですが、後継者は原則として、この連帯保証人の地位を引き継ぐ必要があります。

　経営者の個人資産を事業用として会社に賃貸しているケースもよくあります。現経営者個人の事業用資産を後継者に引き継ぐことが重要になりますが、ここでも後継者の資力の問題が生じます。

2 株式や事業用資産の買取り

　株式の取得にあたっては、自社株式を評価しなければなりません。一般的な非上場株式の評価方法には、「純資産価額方式」、「類似業種比準方式」、「併用方式」があります。純資産価額方式とは、純資産価額を発行済株式総数（自己株式を除く）で割って株価を算出するものです。類似業種比準方式では、**図表7－1－5**のように計算します。

　これらの評価方法のうち、どの方法を採用するべきかは、各企業の事情によって異なりますので、税理士などの専門家に相談して進めるようにしてください。

図表 7 − 1 − 5　類似業種比準方式の計算式

A	類似業種の株価
B	類似業種の1株当たりの配当金額
C	類似業種の1株当たりの年利益金額
D	類似業種の1株当たりの純資産価額
Ⓑ	評価会社の1株当たりの配当金額
Ⓒ	評価会社の1株当たりの年利益金額
Ⓓ	評価会社の1株当たりの純資産価額

$$A \times \frac{\dfrac{Ⓑ}{B} + \dfrac{Ⓒ}{C} + \dfrac{Ⓓ}{D}}{3} \times 0.7^*$$

＊上記算式中の「0.7」は大会社の場合であり、中会社の株式を評価する場合には「0.6」、
小会社の株式を評価する場合には「0.5」とする。

　経営承継円滑化法に基づく認定を受けた会社の代表者個人が、自社株式や事業用資産の買取りなどを行う場合、日本政策金融公庫あるいは沖縄振興開発金融公庫が低利融資制度により支援を行っています。また、経営承継円滑化法に基づく認定を受けた会社及び個人事業主が事業承継に関する資金を金融機関から借り入れる場合には、信用保証協会に通常の保証枠とは別の枠が用意されています。

3 ┃ 経営者保証

　中小企業の経営者による個人保証（以下、「経営者保証」）は、事業承継を阻害する要因となっています。2014年2月1日以降、新たに保証契約を締結する場合や、既存の保証契約の見直しや保証債務の整理をする場合に、「経営者保証に関するガイドライン」（以下、「ガイドライン」）が適用されることになりました。ガイドラインは法律ではないため強制力はありませんが、金融機関には、経営者保証に依存しない中小企業への融資が求められています。

　中小企業がガイドラインに沿って金融機関と経営者保証について交渉するには、法人と個人の分離、事業基盤の強化、信頼性のある計算書類の作成（Q70参照）と金融機関への定期的な財務情報の提供などが必要になります。

コラム　事業承継と M&A

　事業承継の方法には、「親族内承継」、「従業員への承継・外部からの雇入れ」、「M&A」の三つがありますが、近年、M&Aによる承継が脚光を浴びています。ただ、オーナー経営者が事業承継のために M&A を決意しても、必ずしもいい買い手が見つかり M&A が成功するとは限りません。

　会社を売却するには、他社にない技術力やノウハウ、商圏、ブランドなど、強みとなる競争優位の源泉が必要です。また、その強みは、承継可能なものでなくてはなりません。一般的に、中小企業の強みはオーナー経営者自身に帰属することが多く、オーナー経営者が経営を退くと同時に、その企業の強みが失われてしまうことも少なくありません。経営者自身が持つ技術力やノウハウを、会社が持つ強みにしておくことが重要です。

　中小企業の M&A では、売り手と買い手とで譲渡価格に対する認識が違い過ぎ、売り手の希望する価格では買い手が現れないケースもあります。これは、売り手企業のオーナー経営者が、自社の価値を高めに評価してしまうからです。買い手と売り手の双方が主張し合うのではなく、交渉の中で譲渡価格を収斂させていく必要があります。

　中小企業が M&A を進めるにあたっての大きな問題の一つに、中小企業の財務諸表の不透明さがあげられます。中小企業が作成する決算書は、税務申告のために作成している意味合いが強く、多くは会計監査人による監査も受けていません。M&A では適正な企業価値の算定が必要ですが、財務内容の正確な開示がなければ、それも困難になります。

　この他にも、秘密保持の問題や従業員・ステークホルダーへの開示のタイミングなど、M&A を進めていく上での注意事項はありますが、円滑な事業承継のためには、事前準備と早期着手が何より重要です。事業承継の準備をしていない場合、オーナー社長が急逝すると、企業の存続が危うくなることもあります。また、後継者難で会社を譲渡したいと思っても、業績不振で事業の継続が困難になっている場合もあるでしょう。企業価値向上のために経営努力を続けていくことが、M&A の成功につながるのです。

7.2 事業再生に関する制度と手続

リスケと債権放棄による再生

事業の不調が続き、銀行融資の返済条件を変更しなければ資金が回らなくなりそうです。今後、どのように対応していけばいいでしょうか。

A_{86}
Point

・返済条件変更（リスケ）では、*納得性の高い再建・返済計画が求められます。*
・*自力再生ができない場合には、私的整理か法的整理かを選ぶことになります。*
・*取引先などへの悪影響を考え、まずは私的整理が検討されます。*

1 ｜ 返済条件変更（リスケ）の考え方とポイント

　融資の返済が苦しくなったときに、金融機関の協力を得て、既存の返済計画（返済期間や金額の約定）を変更することを、「リスケジュール」（リスケ）と言います。
　通常、融資の返済原資は、税引後利益に減価償却費を加えたものです。リスケにおいても、この基本的な考え方に基づき、現状と今後の再建計画下での利益見通しの中で返済可能額を把握し、金融機関に理解してもらうことになります。金融機関も、無条件に要望を聞いてくれるわけではありません。リスケを行うことで、現状よりも多い額を確実に回収できる申入れであることが条件となります。
　金融機関とリスケの交渉をする際は、原則としてすべての借入れを対象にする必要があります。その上で、経営改善計画（経営悪化の理由、対策、効果、実行担当者、期限などの情報とこれらを反映した事業計画）を策定し、納得性の高い再建・返済計画を提示する必要があります。ケースによっては、経営改善計画の中に、不採算部門からの撤退や有利子負債の圧縮（再建に直結しない資産の売却など）を含めることも求められます。

2 ｜ リスケ中の企業の選択枝

　金融機関の協力が得られ、リスケが行われた場合は、再建案に従って自力再生を目指すことになりますが、どうしても実現が難しい場合は、債権者の債権放棄によ

る再生、M&A による再生、廃業・清算などを選択肢に入れる必要が出てきます。自社の経営努力によって本業を改善し、キャッシュフローを拡大しても、有利子負債の残高が過大な場合、再生のために、債権者に債権放棄を求めることになります。

　債権放棄を受ける場合、原則として経営者の退陣や私財の提供などが求められます。このため、仕入債務や社会保険料などの支払繰延べ、カードローンや友人からの資金の借入れなどに時間を使ってしまい、肝心の再生が困難になることがあります。再生への取組みには、早期に着手することが重要です。

3 ｜ 私的整理と法的整理

　債権放棄には、債権者にとって経済合理性があることが求められます。経済合理性とは、事業継続による回収見込額が清算による回収見込額（清算価値）以上になることです。また、債権放棄の手続には、透明性が要求されます。

　債権放棄を伴う再生手続は、「私的整理」と「法的整理」に分かれます。私的整理では、多くの場合、金融機関だけが債権放棄の対象になり、対象債権者全員の同意が必要となります。また、私的整理ではその事実が公表されません。一方、法的整理では事実が公表されるため、顧客離れや取引停止、仕入先の連鎖倒産など、商取引や地域経済への悪影響が生じます。そこで、まずは私的整理が検討されます。

　金融機関への債務に対する仕入債務の割合が高いと、金融機関の債権放棄だけでは過剰債務を解消できない場合があります。また、金融機関の債権放棄額が会社清算や民事再生手続の場合の債権放棄額を超える場合は、経済合理性が成立せず、法的整理の検討が必要になります（図表７－２－１）。

図表７－２－１　債務者の負債規模と再生手法

負債総額	年間売上	主な私的整理による再生手法	主な法的整理による再生手法
50億円以上	100億円以上	・事業再生 ADR ・地域経済活性化支援機構 ・私的整理ガイドライン	・会社更生手続 ・民事再生手続
10億〜50億円	20億〜100億円	・地域経済活性化支援機構 ・中小企業再生支援協議会	・民事再生手続
1 億〜10億円	3 億〜20億円	・中小企業再生支援協議会 ・特定調停スキーム	・民事再生手続
1 億円以下	3 億円以下	・特定調停スキーム	・民事再生手続

＊この図表の分類は、あくまで目安である。
出典：日本弁護士連合会「金融円滑化法終了への対応策としての特定調停スキーム利用の手引き」

中小企業再生支援協議会による再生支援

Q 87 過去の過剰投資で、金融機関からの借入金の返済が困難な状況です。私的再生を選択しようと思いますが、支援してくれる公的機関はあるでしょうか。

A87
Point

・私的整理による再生（私的再生）には、企業イメージへの影響が少ないというメリットがあります。
・私的再生で利用できる代表的な機関に、中小企業再生支援協議会があります。
・中小企業再生支援協議会の利用には、何より経営者自身が再生に強い意思を持っていることが必要です。

1 私的再生を支援する公的機関

　企業再生には、法的整理手続と私的整理手続があります。法的整理手続は、会社更生法や民事再生法による手続等のことを言い、倒産告知がイメージダウンを招き、命取りにもなりかねないという問題があります。このため、多くの企業では、裁判手続でなく、金融機関との話し合いで解決を図る私的整理手続を選択します。
　私的整理に利用できる機関・手続には、次のようなものがあります。
　①中小企業再生支援協議会
　②地域経済活性化支援機構（REVIC）
　③特定調停
　④事業再生 ADR
　⑤整理回収機構（RCC）
　この中でご質問の趣旨に沿う、中小企業再生支援協議会について説明します。

2 中小企業再生支援協議会

　「中小企業再生支援協議会」（以下、「協議会」）は、経営不振に陥った中小企業の再生を支援するための公的機関で、全国47都道府県の商工会議所等に設置されています。当初は産業活力再生特別措置法を根拠法としていましたが、現在は産業競争

力強化法に代わっています。

協議会には、事業再生に関する知識と経験を有する専門家（公認会計士、税理士、中小企業診断士など）が常駐し、窮境にある中小企業からの相談を受けて、問題解決に向けた助言と支援施策・支援機関の紹介等を行っています。相談には事前予約が必要ですが、費用はかかりません。

ただし、中長期的なアドバイスが必要と思われる場合は、相談企業からの要望を踏まえた上で外部専門家を紹介することもあります。この場合、専門家への報酬は企業の負担になります。また、個別チームを編成し計画策定支援（2次対応）を行う場合も専門家が加わる場合は有料となります。中小企業だけでなく、個人事業主も対象になります。

(1) 活動原則

協議会は次のような3原則を掲げて活動していますので、安心して利用することができます。

①第三者機関としての公正中立的立場からの支援

②守秘義務の遵守（企業名や相談内容は外部に漏れない）

③課題解決に向けた事業・財務両面についての改善支援

(2) 手続の流れ

①事前の申込み（各都道府県の商工会議所等に申込窓口あり）

②第1次対応（相談受付、専門家によるヒアリング・分析、助言等）

〈抜本的経営改善が必要と判断された場合〉

③第2次対応（財務面の調査分析、再生計画策定、金融機関との調整実施）

3 ┃ 中小企業再生協議会の利用が適しているケース

次のような場合は、協議会に相談することを検討するといいでしょう。

①借入金の返済に苦しんでいるが営業利益は出している、あるいは今後利益をあげられる見通しである場合

②メイン金融機関より再生計画の策定を要請されている場合

③借入金の返済猶予を申し入れているが了解が得られていない場合

④取引金融機関が複数あり、メイン金融機関以外の了解が得られていない場合

⑤経営者自身が再生に向けて強い意思を持っている場合

＊⑤は、①〜④のすべてのケースの前提条件です

特定調停による債務整理

Q 88
裁判所に申し立てれば、金融機関との間で債務免除などの調停を進めてもらえると聞きました。これは、どのような手続で行われるものでしょうか。

A 88

Point

- 特定調停は、中小企業の企業価値を毀損せずに進められる債務整理手続です。
- 調停調書は判決と同じ効力を持ち、支払いを怠ると差押えを受けることもあります。
- 中小企業金融円滑化法終了後、特定調停スキームの運用が始まりました。

1 特定調停の概要とメリット・デメリット

ご質問の内容から、民事調停の特例である「特定調停」について説明します。特定調停とは、個人・法人を問わず債務者が借入金などの処理について裁判所に申立てを行い、調停委員会に当事者間の利害関係を調整してもらう私的再生の手法です。裁判員と調停委員が債権者との間に入って調停を進めますので、弁護士等の手を借りずに進めることも可能です。必要であれば、債務免除も調停の内容とすることができます。

特定調停手続は、自分で進める場合、費用面のメリットがあります。また、自己破産や個人再生などのように官報に載らないので、企業の信用を毀損せずに進められることは、大きなメリットです。ただし、個人の信用情報（ブラックリスト）には事故情報として反映されるというデメリットもあります。

2 特定調停手続の流れ

特定調停手続のおおよその流れを、図表7－2－2に示します。申立ては原則として最寄りの簡易裁判所に行います。債権者を入れた2回目以降の調停については、債権者ごとに交渉をしていきます。なお、調停が成立した後に作成される調停調書は判決と同じ効力を持ちますので、支払いを怠ると差押え等の強制執行を受ける可能性があります。

図表7-2-2　特定調停手続の流れ

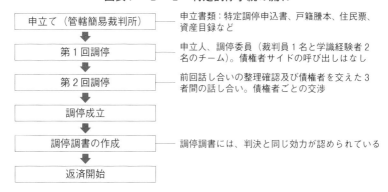

3 特定調停の新しい運用・特定調停スキーム

　2013年3月に終了した中小企業金融円滑化法の出口対策として、同年12月、「特定調停スキーム」の運用が始まりました。特定調停スキームは、経営に行き詰まった中小企業が、弁護士などのサポートを得て特定調停を行う仕組みです。
　対象としては、概ね年商20億円以下、負債総額10億円以下の企業で、最低でも約定金利以上は継続して支払える程度の収益力を確保していること、一般的に私的再生手続が相応しいと考えられる場合であること、などの要件があります。

(1) **申立ての事前準備**
　新しい運用スキームの大きな特徴は、申立ての事前準備の徹底にあります。通常、弁護士に相談して手続を進めます。受任弁護士などが、申立前に経営改革案を策定し、金融機関との十分な調整を行います。

(2) **申立手続**
　複数の金融機関を相手方として申し立てることができます。また、保証付債権がある場合には、信用保証協会を利害関係者として加えることも可能です。

(3) **新しいスキームによる特定調停のメリット**
　新しいスキームを利用するメリットとしては、以下のようなことがあげられます。
　①信用保証協会の求償権が、特定調停による債務免除の対象となる。
　②一定要件下で、弁護士等の専門家費用の3分の2を上限として200万円まで中小企業再生支援協議会の改善支援センターより支払われる。
　③債務免除の税務処理が可能である。
　④金融機関以外に知られることはなく、企業価値の毀損を防げる。

民事再生の特徴と手続の流れ

Q89
当社では、事業は順調なのですが、過去の過剰債務の弁済のために資金繰りが悪化し、このままでは、事業の継続が困難な状態です。どのような再生手段があるでしょうか。

A89

Point

- 債務弁済が原因で事業継続が困難になっているときなどには、民事再生手続を利用することができます。
- 民事再生には、一定の制約下で、現在の経営者、事業体制を維持できる特徴があります。
- 民事再生は法的にも信頼度が高く、実効性も担保された再生手続です。

1 | 民事再生とは

「民事再生」とは、企業（若しくは個人）に破産原因が生じるおそれがあったり、債務弁済が原因で経営危機に陥ったりしているときに、現状の事業体制を維持しながら事業再生を図る手法です。

民事再生では、経済的に行き詰まった企業（若しくは個人）が事業を継続しながら、現経営者主導のもと、利害関係者（債権者等）の同意の上で再生計画を策定・遂行することにより、会社の再建を図ります。モラルハザードを防ぐために減資の手続が用意されていたり、再生債権者の監視権限が強化されていたりしますので、法的な信頼度も高く、実効性も確保されています。

再生手続にはさまざまなものがありますが、民事再生は、会社の存続が可能なうちに、債権者の協力を得て進めなければなりませんので、タイミングを見極めて申し立てることが重要になります。再生手続の大まかな流れを、**図表7－2－3**に示します。

2 | 民事再生の特徴

民事再生には、次のような特徴があります。

①日本国内に事業所を有する、あらゆる法人、個人事業主が利用可能である。

図表7-2-3　民事再生手続の流れ

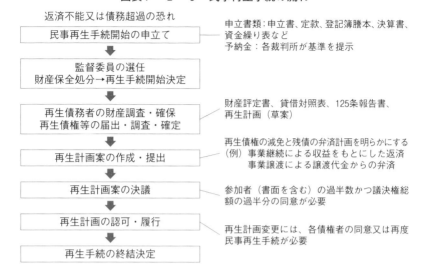

②原則、経営陣はそのまま経営を続けることが可能である。
③必ずしも債務超過状態であることを要件とせず、手続を早く開始できる。
④重要な行為を行うには、裁判所が選任する監督委員の承認を要する。
⑤原則として、担保権者は担保権行使が可能である。
⑥従業員の雇用関係は維持可能だが、一定の合理化が不可避となる。
⑦債権調査・確定制度により、偶発・簿外債務のリスクがない。
⑧再生手続の過程で裁判所が再生困難と判断すると、破産手続に移行する。

3 民事再生が適したケース

　ご質問のように、過去の過剰投資の負担が重く、本業が順調でも現在の収支状況では返済が難しい場合や、本業以外への投資が裏目に出て、本業を圧迫するようになった場合などは、民事再生が適しています。

　好ましい出口戦略（再生計画）としては、スポンサー企業を募って順調な部門の事業売却を行い返済資金に充てると同時に、従業員の雇用継続、経営者の売却先での処遇確保を図ります。そして、再建会社は落ち着いたところで清算という流れが、過去の事例に見られる一つのパターンです。

7.3 事業終了に関する制度と手続

個人事業の廃業と債務整理

 個人事業主です。不景気で事業も好転しそうにないので廃業したいと考えています。債務もあるのですが、廃業にあたっての手続と留意点を教えてください。

A90
Point
- 個人事業主の廃業手続は、所定の書類を所轄税務署等に届け出るだけです。
- 任意整理手続は、裁判所を通さず、直接債権者と話し合うものです。
- 破産手続は、裁判所が選任する破産管財人が進めます。

1 個人事業主の廃業手続

個人事業主の廃業手続は、所定の書類を所轄税務署と管轄の都道府県税事務所に提出するだけです（図表7－3－1）。廃業しても、その年の確定申告をしなければなりませんので、廃業処理のための経費などにも留意しておく必要があります。

なお、債務返済の見通しによっては、状況に合わせて、債務整理や破産を視野に入れる必要があります。

図表7－3－1　個人事業主の廃業手続

提出書類	所轄税務署	管轄都道府県税事務所	提出時期
個人事業の開業・廃業等届出書	○	○	・税務署：1ヵ月以内 ・都道府県税事務所：自治体によるが一般的に税務所よりは期間が短い（15日以内など）
給与支払事務所等の開設・移転・廃止届出書（給与を支払っている場合）	○	－	
所得税の青色申告の取りやめ届出書（青色申告の場合）	○	－	
消費税の事業廃止届出書（消費税の課税事業者の場合）	○	－	
所得税及び復興特別所得税の予定納税額の減額申請書（予定納税額が多すぎる場合）	○	－	・第1期及び第2期分の減税申請は当年7月1日から15日まで ・第2期分のみの申請は、当年11月1日から15日まで

2 ｜ 任意整理手続

　任意整理手続とは、裁判所を介さずに債務者又はその代理人と債権者が直接交渉して、債権整理の合意条件（和解案）を探る手続です。任意整理の流れとメリット・デメリットを、図表７－３－２にまとめました。

3 ｜ 破産手続

　破産手続は、破産管財人が債務者の有していた一切の財産を確定・換価した上で、債権者の債権を確定し、債権の種類による優先順位と債権額に応じて平等に配当する手続です。破産手続の流れとメリット・デメリット等を、図表７－３－３にまとめました。

図表７－３－２　任意整理の流れとメリット・デメリット

図表７－３－３　破産手続の流れとメリット・デメリット等

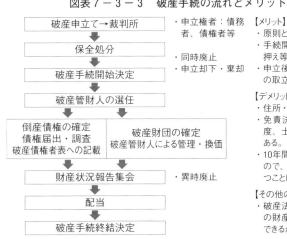

法人清算と手続の流れ

Q91 小さな株式会社のオーナー経営者です。今のところ業績も不振で、後継者も見つかりません。廃業・清算を考えていますが、どうしたらいいでしょうか。

Point

- 資産超過で債務弁済が可能な場合に選択肢となるのが、通常清算です。
- 債務超過又は清算の遂行に著しい支障をきたす事情がある場合は、特別清算になります。
- 事業に魅力がある場合、会社の売却や譲渡の可能性もあります。

　会社の廃業・清算を考える際、事業状況や財務内容によりとるべき方法は異なります。清算型の倒産手続としては、清算手続と破産手続があります。ご質問のケースでは清算手続が選択可能と思われますので、ここでは主に通常清算と特別清算についてご説明します。

　清算以外に、会社や事業を譲渡するという方法もありますが、清算や譲渡、再生には、さまざまな法律的要素が含まれますので、専門家への相談は必須です。

1　通常清算

　「通常清算」とは、企業が株主総会での解散決議（特別決議）などにより解散を決議し、法人格を消滅させる前に債権と債務を整理した上で、残余財産を株主に分配する手続です。企業が資産超過の場合に用いられ、債権者には全部債務を弁済できることが前提になります。債務超過の疑いがある場合は、特別清算になります。通常清算の流れと特徴を、図表7-3-4にまとめました。

2　特別清算

　清算中の株式会社に限り、清算手続の遂行に著しい支障をきたす事情がある場合、又は債務超過の疑いがある場合には、裁判所の監督下において特別清算人により「特別清算」が開始されます。そもそも清算手続がとれない株式会社やその他の会社類型の場合などでは、破産手続（Q90参照）になります。特別清算の流れとメ

図表7-3-4 通常清算の流れと特徴

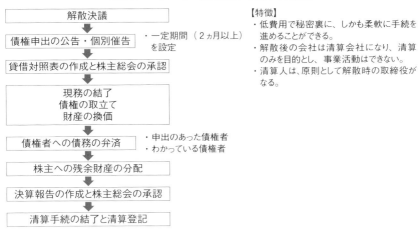

図表7-3-5 特別清算の流れとメリット・デメリット

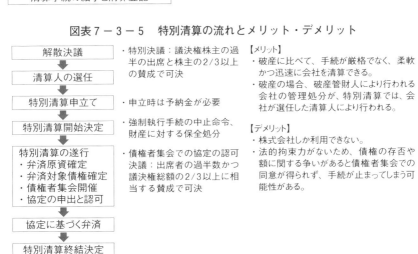

リット・デメリットは、図表7-3-5の通りです。

3 清算以外の選択肢

　廃業を考える理由が、後継者の不在など、事業そのものの状況とは異なるところにあるような場合は、清算だけではなく、会社の売却や事業譲渡などの方法も考えられます。特に、多額の借入金の返済が残っている場合は、有効な選択肢になる可能性もあります。

索 引

[ABC]

e内容証明（電子内容証明）················ 33
M&A ···································· 201, 203
PL法 ·································· 19, 128, 129
PL保険 ···································· 129

[あ行]

青色申告 ················· 2, 3, 10, 11, 26, 210
育児・介護休業法 ····· 173-175, 183, 187-189
意匠権 ············· 19, 132, 133, 140, 141, 143
一覧払い ································ 105-107
一般廃棄物処理業者 ···················· 130, 131
移転登記 ····································· 81
医薬品医療機器等法 ··············· 19, 126, 127
遺留分 ···················· 47, 159, 194-196
――特例制度 ························ 196, 197
印鑑証明書 ································· 23
印鑑登録証明書 ···················· 12, 13, 23
印紙税 ································· 71, 101
インターネット販売（取引）········· 116-118
請負（契約）····················· 68, 75, 166
裏書（小切手）···························· 107
裏書（手形）························· 101-104
売主追加請求権 ···················· 156, 157
営業秘密 ················· 19, 37, 120, 121, 133
黄金株 ···································· 159

[か行]

会計監査人 ················· 151, 153, 155, 201
会計参与 ················· 151, 153, 155, 161
解雇 ·············· 17, 165, 186, 187, 189
――事由 ················ 170, 171, 186, 187
――予告（手当）···················· 165, 187
会社更生法 ································· 204
確定判決 ···················· 34, 77, 78, 91
確定日付 ············· 32, 33, 40, 41, 83
瑕疵担保責任 ·················· 69, 75, 115

家事調停 ····································· 34
過失 ····················· 19, 38, 128, 135, 153
――責任 ································ 152, 153
株式会社 ···· 8-13, 41, 150-152, 154, 156, 157,
160, 212, 213
――の機関 ······················ 150, 151
――の定款認証 ························ 9, 41
株式譲渡制限会社 ················ 151, 155-157
株主総会 ················ 150-160, 193, 212, 213
仮差押え（登記）········· 76, 79, 88, 89, 99
仮執行宣言 ················· 84, 85, 92, 93
仮登記担保 ································· 81
簡易裁判所 ········· 34, 77, 84, 85, 87, 89-91,
93-95, 206, 207
監査委員会 ································· 151
監査等委員会 ···················· 151, 157
監査役（監査役会）····· 13, 150, 151, 153, 155,
157
議決権制限株式 ························ 158, 159
期限の利益喪失 ············· 52, 53, 69, 98, 99
基準外賃金 ···························· 180, 181
基準内賃金 ···························· 180, 181
希望退職 ································ 186, 187
記名・押印 ············· 22, 24, 100, 103, 106
記名式小切手 ····························· 107
求償権 ················· 51-53, 69, 207
共益権 ···································· 154
行政書士 ························· 42, 43, 49
業務委託 ···················· 27, 54, 55, 166
――契約書 ···························· 68, 69
許認可 ························· 10, 14, 15
拒否権付種類株式 ···················· 158, 159
銀行取引約定書 ····························· 98
クーリングオフ ····························· 21
クリエイティブコモンズ・ライセンス
··································· 147, 148
経営者保証に関するガイドライン ······· 161,
199, 200

経営承継円滑化法 ………… 47, 195-197, 200
景品表示法 …… 19, 67, 115, 117, 122-124, 126, 127
契約書の体裁 ………………………… 69-71
契約の当事者 ………………………… 70
決算書 ……………… 3, 43, 160, 161, 201, 209
健康増進法 ……………………… 126, 127
源泉所得税 ……………………………… 11, 12
公益通報者保護法 …………………………… 187
公証人 ………… 13, 40, 41, 78, 103, 107, 194
公証役場 ……………………… 12, 13, 40-42
公正競争規約 ……………………… 122, 123
公正証書 ………… 40, 41, 73, 77, 194
公正取引委員会 ……………………… 59-61
合同会社 ………………… 3, 8, 9, 12, 13
公認会計士 …………… 43, 151, 161, 205
高年齢者雇用安定法 ……………………… 173
小切手 …………… 24, 29, 94, 106, 107
――要件 ……………………………… 106
個人事業主 …… 2, 9-11, 70, 98, 197, 200, 205, 208
――にかかる税金 …………… 25-27
――の廃業 ……………………… 197, 210
個人情報保護法 ……………… 108, 109, 111
雇用対策法 …………………………………… 17
雇用保険 ……………… 12, 16, 168, 174

[さ行]

債権回収 ………………… 68, 76, 79-94
債権譲渡 ………… 33, 41, 72-76, 82, 83
――登記 ………………………………… 83
債権放棄 ……………………… 202, 203
最低賃金 …………… 165, 169, 171, 181
債務超過 ……………………… 209, 212
債務不履行 …………… 38, 76, 115, 117
債務名義 ………………… 77, 90, 91
裁量労働制 ……………………… 178, 179
差止請求（権）…… 19, 36-38, 114, 115, 117, 120, 135, 140, 141, 154
三六協定 ……………………… 176, 177, 182
産業活力再生特別措置法 ………………… 204

産業競争力強化法 ……………………… 46, 204
産業財産権 ………… 19, 43, 132, 133, 143
産業廃棄物処理業者 ……………… 130, 131
自益権 ……………………………… 154
時間外労働 ……… 165, 171, 176, 177, 181-183
――手当 ……………… 177, 181, 182
事業再生 ………… 46, 63, 203-205, 208
―― ADR …………………… 203, 204
――ファンド ……………………… 48
事業承継 …… 47, 48, 137, 156, 158, 192-194, 196, 197, 199-201
――税制 ……………………… 196, 197
事業引継ぎ支援センター ……………… 48, 49
自己宛小切手 ……………………… 107
時効の中断事由 ………………………… 79
自己株式取得 ……………………… 155, 157
自己都合退職 ……………………… 172, 187
持参人払式小切手 ……………………… 107
下請法 …………… 54, 55, 57-61, 67
実用新案権 ………… 19, 36, 132, 133, 143
私的整理 ……………………… 203, 204
司法書士 ………… 12, 42, 43, 49
指名委員会 …………… 150, 151, 157
社外取締役 ……………………… 151-153
社会保険 ……… 3, 12, 16, 42, 43, 47, 112, 174
――被保険者台帳 ……………… 168
――労務士 ……… 42-44, 49, 112, 171
借地借家法 ……………………………… 67
重過失 ……………… 74, 75, 153
就業規則 ………… 28, 43, 165, 166, 170-173, 176-179, 183, 187, 188
収入印紙 …… 13, 24, 41, 69-71, 87, 89, 91, 101, 107
出資（金／額）………… 4, 8, 9, 13, 47
種類株式 ……………………… 158, 159
少額訴訟 ……………… 77, 92-94
小規模企業共済法 ……………… 47, 197
小規模企業振興基本法 ……………… 46, 47
小規模事業者支援法 ……………………… 47
商業登記簿謄本 ……………………… 91
商号 ………… 13, 129, 132, 133

使用者責任（民法）························· 30, 31
少数株主権·································· 154, 155
常駐請負契約································· 166
譲渡禁止特約································· 82
譲渡制限株式······························ 156-158
消費者契約法······················· 20, 21, 114, 115
消費者団体訴訟制度···························· 115
消費税·································· 3, 9, 27, 210
消費生活用製品安全法························· 19
消費貸借···································· 75
商標権·············· 19, 36, 37, 132, 133, 143
──侵害··································· 39
商法····································· 22, 133
情報成果物作成委託···················· 54, 55, 57
消滅時効···················· 72, 73, 78, 79, 95
職業安定法································· 16, 166
職能給····································· 180, 181
食品衛生法································· 14, 15
食品表示法·································· 19, 115
職務給····································· 180, 181
職務著作································· 144
助成金···························· 4, 5, 43, 173
所定外労働時間······························ 176
所定労働時間········ 16, 17, 166, 176-179, 181
所得税··············· 2, 3, 11, 12, 26, 27, 210
白地手形··································· 100, 101
白色申告····································· 26
信用回復措置請求権·························· 135
信用保証協会··· 5, 6, 49, 50, 52, 161, 200, 207
信用保証制度································· 50-52
清算登記···································· 213
整理解雇···································· 187
整理回収機構（RCC）························· 204
税理士········· 3, 5, 25, 27, 42-44, 49, 151, 160,
161, 198, 199, 205
セクシュアルハラスメント（セクハラ）
·································· 188, 189
是正勧告（下請法）·························· 56
絶対的記載事項（小切手）···················· 106
絶対的記載事項（定款）····················· 13
絶対的記載事項（手形）···················· 100, 101

絶対的必要記載事項（就業規則）···· 170, 171
設立登記··································· 11-13
善管注意義務······························ 152
線引小切手································· 107
相対的記載事項（定款）······················ 13
相対的必要記載事項（就業規則）···· 170, 171
相当因果関係······························ 38, 39
措置命令（景品表示法）·············· 122, 127
即決和解···························· 77, 90, 91, 94
損害賠償責任··· 21, 30, 39, 128, 129, 152, 153

［た行］

代位弁済·································· 50-53
対抗要件······························· 33, 81, 83
退職勧奨································· 186, 187
代表取締役············ 9, 13, 23, 71, 150, 153
代物弁済································· 76, 80, 81
短時間労働者································· 17
単純保証··································· 96, 97
男女雇用機会均等法········· 17, 173-175, 188
担保権································ 77, 82, 209
地域経済活性化支援機構（REVIC）······· 48,
203, 204
知財経営································· 134, 136
知的財産権········ 18, 19, 36, 37, 69, 132-134,
137, 139
──侵害··································· 39
知的資産経営······························ 137
地方裁判所·········· 34, 77, 85, 87, 89, 94
忠実義務···································· 152
中小会計要領······························ 160, 161
中小企業基本法························· 46, 47
中小企業金融円滑化法················· 206, 207
中小企業再生支援協議会··· 49, 203, 204, 207
中小企業支援法····························· 47
中小企業診断士·········· 5, 42-44, 47, 49, 205
中小企業信用保険法······················ 47, 196
中小企業信用リスク情報データベース（CRD）
·································· 51
中小企業団体中央会······················· 49
中小企業等経営強化法······················ 46

索引　217

中小企業倒産防止共済法 ……………… 47
中小企業の会計に関する指針 ……… 160, 161
懲戒解雇 ………………………… 172, 187
懲戒処分 ………………… 169, 172, 187
長時間労働（者）…………………… 182, 185
調停 ……………… 34, 35, 86, 87, 206
　　——委員会 ………………… 86, 206
　　——調書 ……………… 77, 206, 207
著作権（法）… 19, 117, 132, 133, 141, 144-148
著作財産権 …………………… 144, 145
著作者人格権 ………………… 144, 145
著作物の引用 ……………………… 146
著作隣接権 ………………………… 132
賃金支払いの5原則 ………………… 180
賃金不払い（サービス残業）…………… 182
賃貸借（契約）…………… 20, 41, 75, 192
通常清算 ………………………… 212, 213
通常訴訟 ……………… 77, 85, 86, 92-95
通信販売 ……………… 19, 21, 116-119
定款 … 2, 3, 6-11, 13, 40, 41, 43, 152-159, 209
　　——違反 ………………… 153, 154
　　——認証 …………………… 9, 41
　　——変更 ………………… 155, 158
定型約款 ……………………… 72-74
手形要件 …………………… 100, 101, 105
適格消費者団体 ………… 114, 115, 117
電気用品安全法 ……………………… 19
電子消費者契約法 ……………… 116, 117
電子定款 …………………………… 13
電波法 ……………………………… 19
登記 …… 2, 3, 9-13, 40, 42, 43, 53, 81, 83, 89,
　　91, 213
　　——受付日時 …………………… 83
　　——事項証明書 …………… 12, 83
　　——所 …………………………… 23
　　——申請 ………………………… 13
　　——簿謄本 ……………… 91, 209
動産・債権譲渡特例法 ……………… 83
登録免許税 …………………… 9, 89
独占禁止法 …………………… 63, 67
督促異議 …………………………… 85

特定個人情報 ………………… 111, 112
特定債務保証 ……………………… 97
特定商取引法 ……… 19-21, 67, 115-119
特定線引小切手 …………………… 107
特定調停（スキーム）… 34, 35, 203, 204, 206,
　　207
特別清算 …………………………… 212
特許出願 ………… 135, 138, 139, 145
取締役（取締役会）…… 13, 73, 150-157, 193,
　　213
取引基本契約書 …………………… 68
トンネル会社規制 ………………… 58

[な行]

内容証明郵便 ……………… 32-34, 53
日本政策金融公庫（日本公庫）… 5, 6, 47, 49,
　　161, 196, 200
日本政策投資銀行（DBJ）……………… 49
日本貿易振興機構（JETRO）…………… 48
任意整理手続 ………………… 210, 211
任意的記載事項（定款）………………… 13
任意的記載事項（手形）………………… 101
根保証 ……………… 73, 74, 96, 97
年金事務所 ………… 12, 42, 112, 168
年次有給休暇 ……………………… 165

[は行]

パートタイム労働者 ………… 166, 169, 171
廃棄物 ……………… 67, 130, 131
廃業手続 …………………………… 210
配達証明郵便 ……………………… 32
派遣労働者 ……………… 169, 185
破産手続 ……………… 97, 99, 209-212
ハローワーク …… 12, 16, 17, 42, 112, 167, 168
パワーハラスメント（パワハラ）……… 188
非公開会社 ………………………… 156
秘密保持契約書（NDA）………………… 68
不実告知 …………………………… 115
不正競争防止法 …… 19, 37, 120, 121, 133, 140,
　　141
普通解雇 …………………………… 187

普通決議 ································· 155-157
不動産登記 ····························· 43
不当表示 ····················· 18, 122-124
不当利得返還請求権 ··················· 135
フランチャイズ契約 ················· 62-64
不利益事実の不告知 ··················· 115
フレックスタイム制 ··············· 178, 179
プロパー融資 ························· 6, 50
別除権 ································· 77
変形労働時間制 ················· 177, 178
弁護士 ········ 42, 43, 49, 61, 76, 86, 87, 92, 95,
　206, 207
弁理士 ··············· 42, 43, 134, 138, 142
報酬委員会 ··························· 151
法人設立 ··························· 12, 13
法人登記 ··························· 42, 43
法人成り ··························· 10, 11
法定相続分 ······················· 192, 193
法定利率 ····················· 72, 74, 94
法定労働時間 ············· 176-178, 182, 183
法的整理 ·············· 53, 76, 77, 202-204
法務局 ····················· 11-13, 23, 40, 42, 89
訪問販売 ················· 19, 21, 67, 116
保証債務 ··················· 96, 97, 200
保証付融資 ······················· 50-53
補助金 ····················· 4, 5, 43, 139

[ま行]

マタニティハラスメント（マタハラ）···· 188,
　189
みなし残業手当 ······················· 183
みなし労働時間制 ··············· 178, 179
民事再生（法）······ 77, 99, 203, 204, 208, 209
民事訴訟 ··························· 43, 94
民事調停 ······· 34, 35, 77, 78, 86, 87, 94, 206
民法改正（改正民法）············ 72, 74, 78, 82
無益的記載事項（手形）············· 101, 103
無過失責任 ······················· 128, 153
無限責任（社員）····················· 3, 8
免税事業者 ··························· 27
メンタルヘルス対策 ··················· 184

[や行]

雇止め法理の法定化 ····················· 187
遺言（書）············ 22, 40, 41, 159, 194, 195
遺言公正証書 ··························· 41
有益的記載事項（手形）··············· 101
有害的記載事項（手形）········· 101-103, 105
有限責任（社員）····················· 3, 8, 9
優先株 ··························· 158, 159
有利誤認表示 ··············· 19, 122-125
優良誤認表示 ··············· 19, 122-124
諭旨退職 ··················· 172, 186, 187
要配慮個人情報 ··············· 108, 109
よろず支援拠点 ··············· 43, 44, 48, 49

[ら行]

ライセンス ············· 134, 135, 147, 148
リスケジュール（リスケ）················· 202
利息制限法 ··························· 67
履歴事項全部証明書 ··················· 91
連鎖販売取引 ··························· 21
連帯保証人 ············· 8, 53, 96, 97, 199
労働安全衛生法 ············· 164-166, 184, 185
労働基準監督署 ···· 12, 42, 165, 170, 171, 177,
　178, 182, 187
労働基準法 ······· 152, 164-166, 168-170, 174,
　176, 178, 180-183, 187
労働契約法 ············· 164, 165, 186, 187
労働災害防止 ··················· 184, 185
労働者派遣法 ··················· 164, 166

[わ行]

ワークライフバランス ····················· 175
和解調書 ··························· 77, 91
割増賃金 ············· 165, 177, 181, 183

監修者・執筆者・協力者一覧

◎監修者

木村貴司（きむら たかし）　弁護士、弁理士

[連絡先] ルシアス法律事務所

　〒104-0042　東京都中央区入船 1 − 5 − 11　弘報ビル 7 階

　TEL：03-6450-1640／E-Mail：info@lucias-law.jp

◎執筆者（五十音順）

石塚勝久（いしづか かつひさ）　弁理士、中小企業診断士

[担　当] 第 4 章

[連絡先] 石塚特許商標事務所

　〒249-0001　神奈川県逗子市久木 1 − 8 − 17

　TEL：046-874-4013／E-Mail：info@ishi-tm.jp

磯村幸一郎（いそむら こういちろう）　中小企業診断士

[担　当] 第 1 章、第 3 章、第 4 章

[連絡先] 磯村経営相談事務所

　TEL：080-3409-1997／E-Mail：kisomura@kc4.so-net.ne.jp

大野昭一（おおの しょういち）　中小企業診断士

[担　当] 第 2 章、第 3 章

[連絡先] 有限会社大野不動産コンサルタント事務所

　TEL：03-6804-1600／E-Mail：akikazu888@yahoo.co.jp

　URL：http://www.ohno-fcs.com/

亀岡睿一（かめおか えいいち）　中小企業診断士

[担　当] 第 2 章、第 7 章

[連絡先] あさひ経営

　〒277-0075　千葉県柏市南柏中央 3 − 10 − 602

　TEL・FAX：04-7136-1566／E-Mail：kam-e@onyx.ocn.ne.jp

小林　巽（こばやし たつみ）　中小企業診断士

[担　当] 第 5 章

[連絡先] 小林経営コンサル事務所

　TEL：080-6668-4059／E-Mail：kobayasi@aurora.ocn.ne.jp

高田篤史（たかだ あつし）　中小企業診断士

[担　当] 第 4 章

[連絡先] E-Mail：atsushiahp0731@gmail.com

中村良一（なかむら りょういち） 中小企業診断士
[担　当] 第1章、第4章
[連絡先] SME ソリューション合同会社
　　TEL：045-294-3241／E-Mail：r-nakamura@smesolution.jp

松井利夫（まつい としお） 中小企業診断士
[担　当] 第6章
[連絡先] 松井経営コンサルティング事務所
　　TEL：045-845-1566／E-Mail：toshio_matsui@mve.biglobe.ne.jp

溝口哲夫（みぞぐち てつお） 中小企業診断士
[担　当] 第3章、第5章、第7章
[連絡先] TM コンサルティング
　　TEL：045-252-1803／E-Mail：cxu00144@nifty.com

山下　洋（やました ひろし） 中小企業診断士
[担　当] 第1章、第2章、第3章、第4章、第7章
[連絡先] マネジメントパワー・コンサルティング
　　TEL：050-5585-9517／E-Mail：hiroshi.yamashita@mgmt-power.com
　　URL：https://www.mgmt-power.com

◎協力者

江原　博（えはら ひろし） 中小企業診断士
[連絡先] TEL：080-5476-5688／E-Mail：dxm67881@gmail.com

向井　実（むかい みのる） 中小企業診断士、行政書士
[連絡先] E-Mail：mukai0707@gmail.com

米津　学（よねづ がく） 中小企業診断士
[連絡先] E-Mail：gyonezubusiness@gmail.com

2018 年 3 月 12 日　第 1 刷発行

創業から廃業まで
中小企業のための経営法務 Q & A

監　修　　木　村　貴　司
著　者　　経営法務研究会
発行者　　脇　坂　康　弘

発行所　　株式会社同友館
東京都文京区本郷3-38-1
TEL：03(3813)3966　FAX：03(3818)2774
URL　http://www.doyukan.co.jp

乱丁・落丁はお取替えいたします。　印刷：三美印刷／製本：松村製本
ISBN 978-4-496-05333-7　　　　　　　Printed in Japan